投資詐欺被害、貯金ゼロ、無職、離婚ありの
「お金超恐怖症」の貧乏ママだった私でも
今は純資産1億に到達!

投資への不安や抵抗が面白いほど消える本

トウシナビ代表
櫻井かすみ
漫画/イラスト
こげのまさき

Gakken

ずっとほしかったバッグ
ン
ついに買っちゃったー!!
バァアア
石橋多々子《いしばしたたこ》
予約した人気店のランチ最高〜!
スイーツも食べちゃお♡
そうだ リフレッシュの温泉旅行もしなくちゃ!
キャッ
キャッ
あ〜シアワセ…♡
って
温泉
パーフェクトガイド
また散財しまくっちゃったー…!!
ズウン…
私は石橋《いしばし》多々子《たたこ》なんて名前なのにこの計画性の無さよ…!!
石橋
全然たたいてない…
こんな生活してて…
ただいまー

いつか子どもができたりしても教育費とか払えるのかな…
老後2000万円かかる!!
←タマ子
老後も「2千万円問題」とかあるし…
そもそもそんな額貯められる自信なんかないし
温泉
10000
うう…不安が押し寄せてくる
こんな時は育代《いくよ》とパーッと飲みに行って…
友人
育代《いくよ》
先に《さきに》
ポンッ
育代〜飲み行こ！
ポンッ
あ
ごめん！ 今日は投資セミナーの予定があって…
……
育代も投資か…
そういえば会社でも最近始めた人多いんだよね
はじめました！
資産形成！
コロナがきっかけで始めた人もいるって聞くし
新NISAとかよくニュースや雑誌でも見かけるし
自分も始めたほうがいいのかな？って思うけど
でも…

投資って…
バタ～ン
コワイじゃん!!!
いいかい? 多々子
石橋多々美《いしばしたたみ》
（多々子の母）
ポワ…
投資なんてギャンブルのようなもの
貯金!! 銀行に預けるのが何よりの安心よ!
ハイ おかあさん!!
お母さんがいつも言ってたこの言葉…
散財はするくせに石橋家の家訓になってるコレからなかなか抜け出せないのよ～!!
投資橋
わた らん!
うう～
何かいい方法はないかな…?
…ん

櫻井
かすみ先生
「投資をしたいけど踏み込めない。でも焦《あせ》っている人のための投資講座」…？
何かそんな名前のラー油があったような…
投資をしたいけど踏みこめないような辛いようなラー油
ハッ
えぇとなになに？
投資をギャンブルだと思ってませんか？貯金が安全の時代はもう終わってるんです!!
グサ
グサッ
うっ
おかあさぁあん
でも大丈夫！まずは私の投資への不安と抵抗がなくなる話を聴きに来てみませんか？
…!!
この講座私にピッタリかもしれない
よし！行ってみよう!!
おーーっ！
ザワ
ザワ
櫻井かすみ先生
投資講座 会場

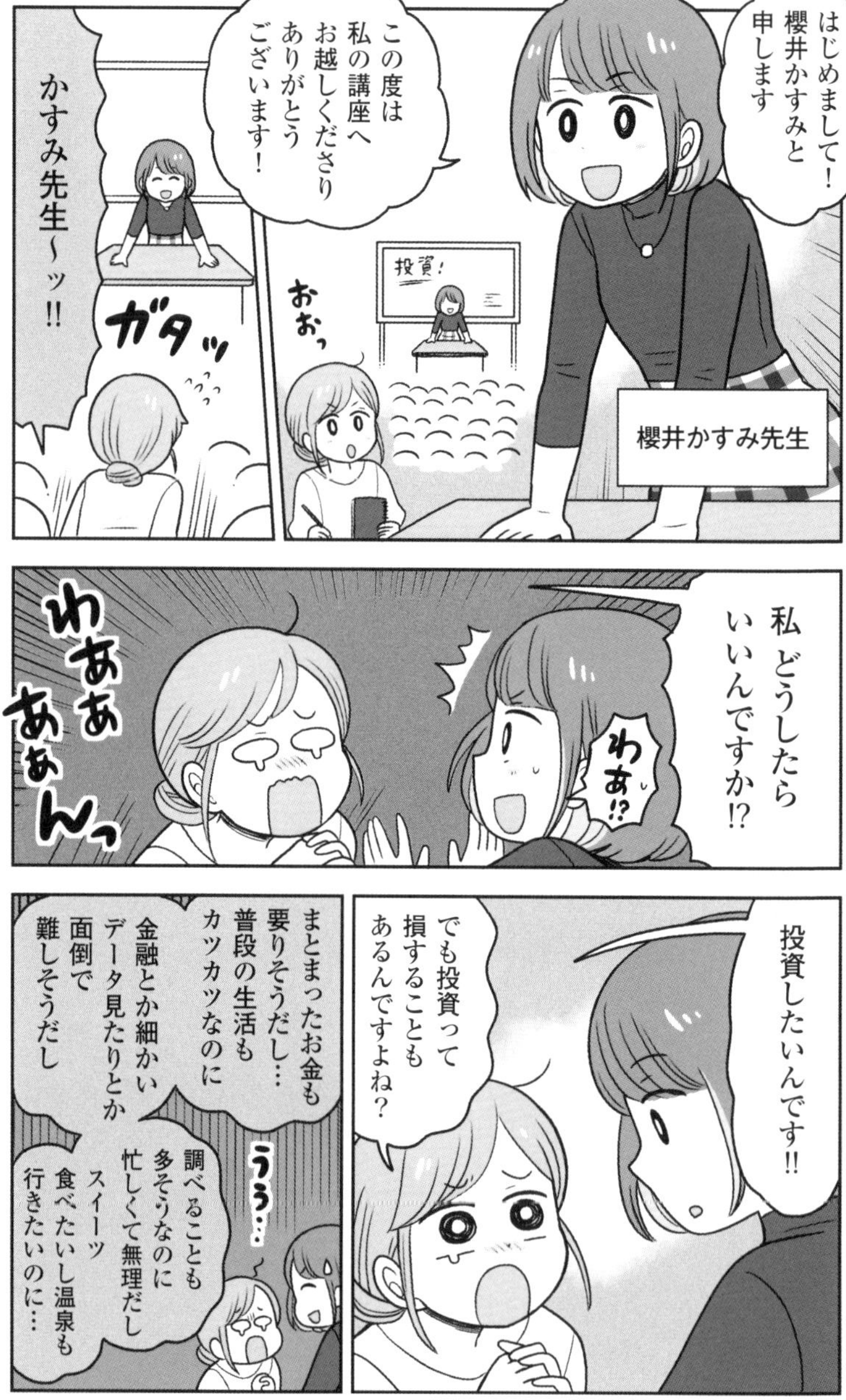
はじめまして！櫻井かすみと申します
櫻井かすみ先生
この度は私の講座へお越しくださりありがとうございます！
投資！
おおっ
かすみ先生〜ッ!!
ガタッ
私どうしたらいいんですか!?
わあ!?
わああああんっ
投資したいんです!!
でも投資って損することもあるんですよね？
まとまったお金も要りそうだし…普段の生活もカツカツなのに
金融とか細かいデータ見たりとか面倒で難しそうだし
うう…
調べることも多そうなのに忙しくて無理だしスイーツ食べたいし温泉も行きたいのに…

一体何から すればいいのか
わーーっ
全然 わからないん です〜〜!!
…多々子さん 大丈夫!
先生…
ス…
実は あなたの ような方 たくさん いるんです!
わあ!
せんせーーっ
ドドドド
私のところには 投資の初心者さんも 集まってくださり
そんな皆さんに アドバイス してきたんです
投資を上手に 始めている人も たくさん いますよ!
そうなん ですね…!
みんな初心者!

でも元々お金持ちだったり頭がいい人ばかりなんでしょ？
私は貯金もないし数字とかも苦手だし…
それがね多々子さん
私だって裕福だったわけじゃないし金融の知識もゼロ同然だったんですよ！
えーーっ
だから私も投資に抵抗を覚えたこともあったし不安でいっぱいでした
それって
私と同じじゃないですか！
その上投資詐欺にも遭《あ》うし離婚・無職・貯金ゼロ時代もあって本当に大変だったの…
うぅっ…
先生…！
わっ…私よりもヤバイかもしれない!!
でも！
カッ

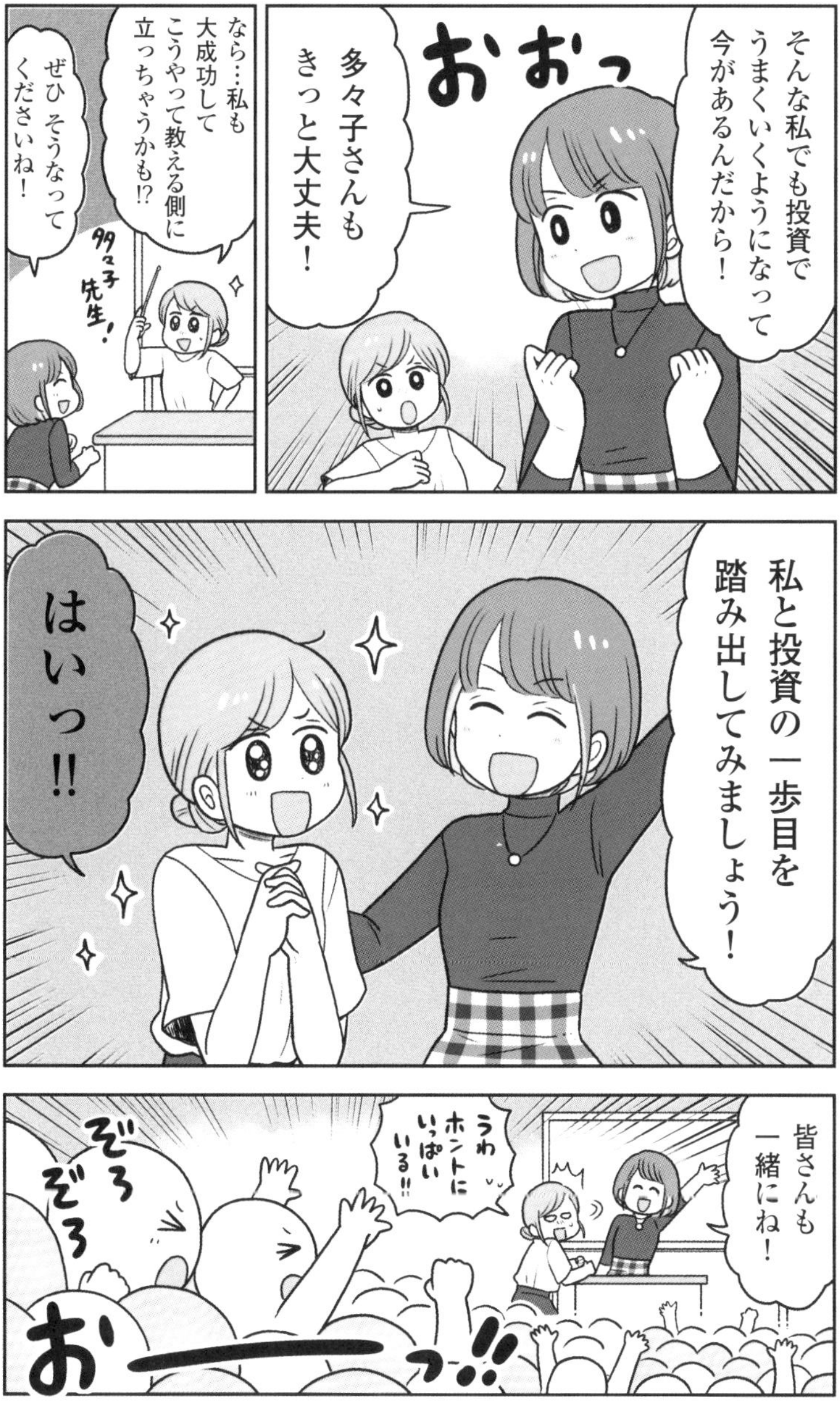

そんな私でも投資でうまくいくようになって今があるんだから！
おおっ
多々子さんもきっと大丈夫！
なら…私も大成功してこうやって教える側に立っちゃうかも!?
多々子先生！
ぜひ そうなってくださいね！
私と投資の一歩目を踏み出してみましょう！
はいっ!!
皆さんも一緒にね！
うわ ホントにいっぱいいる!!
ぞろぞろ
おーーっ!!

はじめに

投資の超初心者が最も求めているものを書いた本です

投資のことが、ずっと気になってる。でも……、

「始めようとずっと思ってるけど、なかなか始められない」

「始めてみたけど、やっぱりそんなに投資額を増やせないな」

と、こんなふうに、投資に興味はあるけど、不安や抵抗がある方々のために書いたのがこの本です。


つみたてＮＩＳＡとかｉＤｅＣｏ、企業型ＤＣ（企業型確定拠出年金）とか聞いたことがあったり、周りでも始めている人がどんどん増えていたりすると思います。新ＮＩＳＡとかいうのが２０２４年になってすぐ始まったりで、よくニュースにもなりましたよね。

それとコロナ禍に入った頃って、将来へのお金の不安がいっそう募ってきたり、おうち時間が増えたりしてお金のことを考えることも増えたという方も多いでしょう。

「老後２０００万円問題」という言葉が一時期、すごく話題になりました。金融庁が「老後30年間で約２０００万円が不足する」と発表したアレです。「年金はそんなにたくさんもらえるわけじゃないのは何となくわかってたけど、２０００万円も足りなくなるの……⁉」と不安になった方も多いはず。

そんな昨今の世間の風潮などが後押しして、お金の不安、そして「投資しなきゃ」という気持ちは高まってきたと思うのです。

「でも、始められない」「投資額を増やす勇気がない……」。そこで本書では、**投資に対してつい尻込みしてしまう気持ちを払しょくし、実際にどうすればいいのかを丁寧に解説しています。投資の初心者向けの本を中心に類書を１００冊以上は眺めてきましたが、このような本はあるようでなかった**と思います。

「ＮＩＳＡとはそもそも何か？」「ｉＤｅＣｏと何が違うのか？」「口座開設はどうするか？」「チャートとか専門用語を解説！」など、教科書的な本は多いと思いますが、そもそも投資の実行にブレーキがかかっているという方へのフォローをした本が、なかなか見つからなかったのです。

投資への不安や抵抗の原因は、実はたった1つ！

投資に後ろ向きになってしまうのも、原因があります。普段お金のアドバイスをする私がよく聞くのが、例えば次のとおり。

「損することってあるんでしょ？」「元本割れはやっぱり嫌だなあ」「大損して路頭に迷った人のことを聞いたことがある」という**損するのが怖い**という声。

「難しそう」「専用の口座とか開設するんだよね？　面倒くさい」「パソコンが苦手で……」「専門用語が連発」といった**難しかったり手間がかかりそうだったりのイメージ。**

「結構な額が必要なんでしょ？」「そんなに貯金があるわけじゃないし」「これから教育費とか、いろいろかかってくるから、投資なんかにお金は回せない」など、**お金がたくさん必要そうだという不安。**

「ずっと値動きとか見てないといけないんだよね？」「調べることが多そう」「忙しくて時

間がない」という**手間や時間がかかりそうだというハードル。**

「投資　始められない」とかのワードで検索して見つけた各サイトでも、たいがいが以上のようなことが書かれていました。

でも大丈夫！　**本書を読み終わる頃には、面白いくらいに不安要素がなくなって、無理のない範囲で投資が実行できるようになっている**はずです。私がこれまでアドバイスしてきた多くの方々からも、今では投資を楽しんだり、将来への漠然とした不安まで解消されたという声をたくさん頂戴しています。

実は先ほど挙げた不安要素は**「投資が、なんだかよくわからない得体の知れないもの」だというのが根本にあるのです。たったのこれだけ。だったらそれを取り除けばいい。**

じゃあ、どうやれば取り除けるか？　それには、投資ってそもそもどういうものなのかを理解して、相手の正体を突き止める。それから、実際に何をすればいいのかを知ることができればいいのです。それを本書では、丁寧に解説しました。

私こそ投資どころか、お金の超恐怖症でした

ここで自己紹介をします。トウシナビという会社で代表を務めている櫻井かすみと申します。社名の通り投資をキーワードに、資産運用などお金のアドバイスをしていますが、「単にお金儲けをする」ということだけでなく、お金との上手な付き合い方や増やし方を学んで実践し、人生を豊かにするサポートをしています。

そして私のところには、**投資初心者の方が非常に多く集まってくださっている**のも特徴かもしれません。投資に興味があるから受講してくださっているのですが、でも不安だったり抵抗を感じてたり、何をどう始めたらいいのかわからない、そんな方がたくさんいらっしゃいます。

そこで培ってきたことを、本書では惜しみなくお伝えします。もちろん各人によって個別の事情はありますが、大体共通すること、大事なところは本書でしっかりと網羅《もうら》しましたので、信じてついてきてくださるとうれしいです。

そして、そんな活動をしている私のことを、もしかしたら元々金銭感覚が優れている、貯金が多かった、投資のセンスがある、そんなふうな印象を持たれるかもしれません。

でも実態はというと、びっくりするくらい真逆なんです……。表紙になんだか長ったらしい肩書っぽいのが書いてあったと思いますが、ここでもまた書きますけど「投資詐欺被害、貯金ゼロ、無職、離婚経験ありの「お金超恐怖症」の貧乏ママだった私」、この「私」って櫻井かすみのことなんです。

本当にお金には散々振り回されて生きてきました。お金に恵まれませんでしたし、投資とかお金のセンスは人一倍欠けていました。しかも、おそらく皆さんよりも投資どころかお金に恐怖を覚えたような気もしているくらいです。

でも続きが書いてありましたよね。「今は資産1億に到達！」と。そうなんです、こんな**ダメダメだった私でも、試行錯誤することでちょっとずつうまくいって、資産を形成することができた**んです。

まだ30代ですが、ＦＩＲＥもできました。ＦＩＲＥって聞いたことのある方も多いと思いますが、一応説明しますと「Financial Independence, Retire Early」を略した造語です。

つまりFIREとは、資産運用で生活費をまかなえる状態にできたので、会社勤めを辞める、即ち生活のために仕事するのをリタイアしたということ。

私が普段教えているお金の話は、自分自身の成功体験も存分に活用しています。もちろん本書でもどんどん使っていきますので、お楽しみに！

私はSNSでも活動をしていまして、インスタグラムで1・8万フォロワー、他のSNSを含めると、おかげさまで計3万フォロワーとなっています。

ただ、お金の話をしているインフルエンサーさんはたくさんいますし、私なんかよりも何十倍、もしかしたら何百倍も著名な方もいらっしゃると思います。みなさん、とてもすごい方々です。

ですから、私なんてまだまだひよっこで、駆け出しかもしれませんが、それでも3万も集まってくださっているのは、**お金に振り回された私に共感してくださったり、他ではあまり語られていないような投資への不安を取り除くお話を、どんどん聞きたいというニーズがあった**のでは？　とも振り返っています。実際に感想として、そんな声も頂戴することが多いです。

投資の中上級者も必読のトピックが満載！

本書の大まかな構成をお伝えします。前から順に、このような流れになっています。

「第1章　投資への不安と抵抗がなくなる話、します。——今後の日本は、投資よりも現金のほうが頼りないという真実」

➡先ほど挙げました投資未経験者、投資の初心者にこそ陥りやすい投資への不安や抵抗。その原因となることは多くの方に共通しています。それを取り除く話をします。

そんな思い切ったことをしなくてもいいですし、「あれ？　なんであんなにビビってたんだろう」と拍子抜けしてしまう話、「現金で持っておくのが一番！って違ったの……⁉」と衝撃を受けるかもしれない話が、この章では登場します。

「第2章　投資用のお金がない、なんてことはあり得ません。——投資用のタネ銭を簡単に作る方法、教えます。」

➡お金が貯まってから、収入が増えてから、子育てに一段落ついてから。そんなことを待っていたら、いつまでも始められませんし、待つ必要もありません。今までの生活を少し見直すだけで、簡単に勝手に投資用資金が貯まる仕組みを教えます。

「第3章　老後2000万円では全く足りない問題——月3万円のつみたて投資では追いつかない…。投資にもっと積極的になるには?」

➡一時期話題になった「老後2000万円問題」。「退職金や年金に頼れなくなったこれからの時代、夫65歳以上・妻60歳以上の夫婦のみの無職世帯では、老後資金は自分で2000万円は用意しないと生活が成り立ちませんよ」としてニュースになったアレです。「老後生活が20~30年継続すると仮定した場合に、1300万円~2000万円が合計で不足する」というのがさらに正確な情報ですが、実はこの計算方法、大きな疑問があり、2000万円でもまだまだ足りないというのが私の見解です。

となると、旧NISAでつみたてNISAを満額に近い3万円程度でずっと積立てている人が多いのですが、それだと老後資金は不足するという、本当は聞きたくないような現実の話をします。

でもご安心ください。ただ怖がらせるだけで終わりません。そこですべきことは、やはり投資にもっと積極的になることなのですが、投資未経験者や初心者の方でも無理なく実践できる方法を、手順や何に投資すればいいのかなどを具体的に詳しく解説します。

「第4章　これが運命の分かれ道…。「なんちゃって投資」は卒業！——「先行逃げ切り」と「低金利」を味方につけよ！」

➡第3章の続きですが、こちらはより実践編となる話となります。第3章は投資用資金をどのようにして集めるかを、貯蓄計画に照らし合わせながら行なう方法に比重が置かれていて、第4章ではどんな金融商品にどのように投資していくのかをご説明します。ストレスをかけず無理なく、投資でなるべく多くの利益を獲得するための考え方やテクニックが中心です。

「第5章　投資初心者こそ、ゴールド（金《きん》）を買ったほうがよい——なぜ米国インデックスだけだと危険なのか？」

➡米国インデックス（簡単ですが、p62で説明します）は人気のある金融商品で私もお勧めはしています。でもこれだけだと、いつ起きてもおかしくない暴落に備えるには厳しいものがあります。特に投資初心者には、株の暴落時にみるみる資産が減ることにメンタルが耐えられない可能性があります。ですから初心者こそ、必読です！

その問題を解消するベストな方法が、ゴールド（金、純金とも呼ぶ）への投資なのです。投資には攻めと守りの両方が必要なのですが、そのあたりの考え方まで身につきます。

もちろん中上級者でゴールド投資をしていなかったり、よく知らなかったりそんなに調べてこなかった人も、知って損はない情報が得られると思います。

他にも、今までこの手の本を読まれた方でも、あまり聞いたことがないかもしれない話がいくつも登場するかと思います。

「米国インデックスがいいとはいうけど、そもそもなんでそうなのか？」

「投資用資金を増やすために、『保険は入るな、解約しろ』という話はあるけど、逆に残したい保険とは何か？」

「長期投資がいいのはわかってるけど、脱落者が多いのが現実。それを乗り越えるため方法」

「投資未経験者でも理解できる、お勧めのゴールド投資の魅力」

などなど、**投資の中上級の方でも新発見となる話が多い**かもしれませんので、せっかく本書を手に取ってくださったのでしたら、ぜひ一度目を通していただけますと幸いです。

本書を通じて、投資にもっと親しんで、今後の人生を豊かにしてくだされば、これ以上の幸せはありません。

櫻井かすみ

目次

第1章

投資への不安と抵抗がなくなる話、します。

――今後の日本は、投資よりも現金のほうが頼りないという真実

CONTENTS

第2章

投資用のお金がない、なんてことはあり得ません。

——投資用のタネ銭を簡単に作る方法、教えます。

CONTENTS

第3章

老後2000万円では全く足りない問題

——月3万円のつみたて投資では追いつかない…。投資にもっと積極的になるには？

CONTENTS

CONTENTS

第5章

投資初心者こそ、ゴールド（金《きん》）を買ったほうがよい

——なぜ米国インデックスだけだと危険なのか？

おわりに

第1章

投資への不安と抵抗がなくなる話、します。

——今後の日本は、
投資よりも現金のほうが頼りないという真実

投資のことを、まさかギャンブルだと思ってませんか？

この章では、「投資の誤解」を取り除くと同時に、誤解などによる失敗を極力防ぐことを目指します。

まさに誤解しまくってた私の失敗談も、お役に立つかもしれませんので、暴露していきますね。今となっては笑い話もありますが、当時はホントに大変でした……。

ところで投資というと、こんなものを見かけたことはありませんか？

「必ず儲かります！」「元本も保証☆」「後で高く買い取ります」。

はっきりお伝えします、こんな都合のよい話は存在しません。金融庁のホームページでも投資詐欺の可能性が高い文言の例として、このようなものを出しています。

これらの案件は、入金・送金後に連絡がとれなくなるなど、詐欺的商法の可能性が高いため、よく知っている人からのお誘いであったとしても、取引を見合わせるのが賢明です。

「信頼できるから」「頼れるから」で安易に人にお金を預けてはなりません。

それでは、何から考えていけばよいのでしょうか？　銀行に預けていてもお金が増えない時代なので、「手元にある資金をとにかく増やさなきゃ」「早く投資をしなきゃ」という考えに至る方もいるかもしれません。

投資というと、短期でお金を増やしていくイメージを持たれている方も多いかもしれません。そして、「投資を早くスタートしましょう！」なんて話をすると、すぐに利益が狙える投資に手を出さないとと、勘違いされる方が案外いらっしゃいます。

ひとことで投資といっても、預貯金をはじめ、投資信託、債券、個別株、ＦＸ、ゴールド（金《きん》、純金とも呼ばれます）、暗号資産（仮想通貨とも呼ばれます）など様々な金融商品があります（後ほど詳細はピックアップしていきますね）。

最近でこそ、国がＮＩＳＡやｉＤｅＣｏの制度を充実させているため、日本においても「投資」が、どんどん身近なものとして広がってきています。しかし、**ＳＮＳやネットなどで投資情報が気軽に見られるようになった半面、情報をうのみにして失敗する人や短期間で稼ごうとして大損する人も増えています。**特に以下に当てはまる人は、要注意です。

●手元資金が少ないのに、お金を一気に増やしたい
●デイトレードや暗号資産で、一攫千金を目指したい
●1年以内の短期間で資産を倍増させたい
●できるだけラクして稼ぎたい
●働かなくて済む収入を得る仕組みを一気に作りたい

これらは投資ではなく、ただのギャンブルです。これからのご説明で理解していただけると思いますが、**投資はギャンブルではありません。**

ちなみに先ほど例に挙げた願望は全部、お恥ずかしながら過去の私そのものでした。短期間で大きく儲けようとして、無一文のどん底を味わってきました。ハイリターン商品は大きく得をするかもしれませんが、損をする可能性も非常に高いのです。

大損しないためには、目先の「欲」と「恐怖」に支配されてはならないのです。株が上がっている時は、「欲」が支配し、逆に下落時には「恐怖」に駆られて、冷静な判断ができなくなります。短期間で利益を得たい場合こそ、このような傾向に陥りがち。常に株価

の変化など相場を見て心を動かされながら、売買しないといけない可能性がつきまとうからです。

でもこれから説明しますが、**長期的に資産を増やそうとすることで、こういった心のアップダウンは防げ、だいぶ冷静に判断できるようになります。**

ギャンブルを改めて説明しますと、競馬、競輪、パチンコなどの賭け事のこと。「偶然や運に頼る危険な試み」と説明する辞書もありますが、ひとまず賭け事だとすると、利益を得た人がいる一方で、損をする人がいるという特徴があります。

でも投資は違います。投資先が潤えば、

図1　ギャンブルと投資の違い

投資した人も全員潤うのです。

実際の投資の世界は、得する人と損する人の両方がいるから、ギャンブルだと思われがちですが、**全体的に投資先が成長していれば、投資した人も総じて見れば利益を受ける人が多くなる**のです（p35の図1）。

リスク許容度を決めるだけで、大損する心配は消える

投資に限った話ではありませんが、一般的にリスクとリターンは表裏一体。リスクを抑えようとするとリターンは低くなり、高いリターンを得ようとするとリスクも高まります。

「投資のリスク」と聞いて、どのようなことが頭に浮かぶでしょうか。リスクと聞くと、危ない、損をする、負けるなど、何か恐ろしいことが起きてしまうのではないかと考える人もいるかもしれません。

投資のリスクとは「値動きの幅の大きさのこと」です。振れ幅が大きいことを「リスクが大きい」、小さいことを「リスクが小さい」としています（p37の図2）。例えば10万円投資をした場合、1年後に5万円に減る可能性も、20万円に増える可能性もあります。このように、投資をした後の結果が予測できない場合で、特に振れ幅が大きくなりそうなものを「ハイリスクな投資」と呼んでいます。

「投資を始めたいけれども、リスクが怖い」と思ってしまう方も多いかと思います。

リスクが低く大きなリターンが期待できる金融商品があればとても魅力的ですが、残念ながらそのようなものは存在しません。

そして、リスクがゼロのものは、投資の世界では存在しません。リスクを恐れていては、投資は永久に始められないのです。

そこで、**最初に自分の「リスク許容度」を決めておくだけで、ハードルがだいぶ下**

図2 「リスク」と「金融商品の値動き」の関係

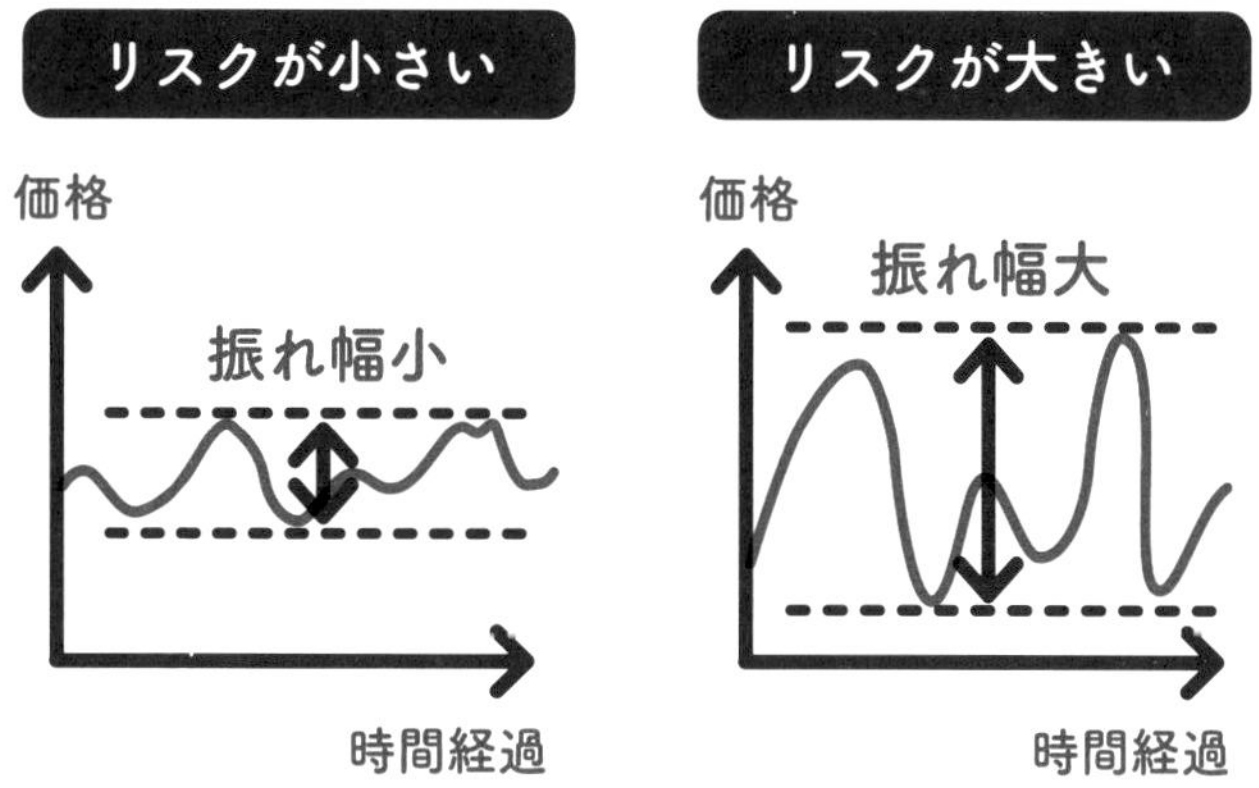

がります。

では具体的に、どのようにしてリスク許容度を見積もったらいいのか？　いきなりいわれても、よくわからない方も多いと思います。**次の3ステップで考えていけば、だいぶ見当がつきやすくなるでしょう。**

ステップ1）生活に支障をきたすことがない額
ステップ2）損をしても仕方がないと思える額
ステップ3）精神的にストレスがかからない額

とはいえ、損をしても許容できる金額は、個人差があると思います。1万円の方もいれば、100万円の方もいるように。

ですので、リスク許容度がわからない方は、はじめは小さな金額から、100円からスタートできる投資信託で十分です。そして選ぶ金融商品は、リターンはそこまで大きく見込めないものの、できるだけリスクが小さいものからスタートすることを強くお勧めします。

「投資信託」を一言で言ってしまうと、投資家からお金を集めて、それを資産運用の専門家が株式（株式の略で「株」とも呼ぶ）や債券などに投資・運用する商品のこと。そして、運用成果が投資家それぞれの投資額に応じて分配されます。

これは身をもって体験しています。私は投資をスタートした当時にここを理解できていなかったので、苦い思いをしたのです。時間もお金も体力も無駄にして、メンタルが大きく疲弊してしまいました。

もしかしたら「投資を始めたらこんなことが起きるのではないか……」。こんな心配がブレーキになっているのでしたら、**心配は無用です。自分にとって無理のないリスク許容度を把握しておけば、こんなことは起きません**から。投資で生活が大変になってしまった方というのを、周囲やニュースで聞いたのでしたら、リスク許容度を超える投資をしたからなのです。その1人が私だったのですが。

この本を手に取ってくれたあなたには、同じ経験をしてほしくないのでお話ししていきます。くれぐれも、「確実にすぐに儲かる！」「月利○％」などとうたっている金融商品には注意しましょう。美味しい話にはそれなりのリスクがつきもので、リスク許容度を超えている場合が多いのです。当時の私はリスク許容度をちゃんと考えずに手を出してしまいました。

「急がば回れ」「よくわからないものは買うな」

過去の私は、**早くお金を増やしたい一心で、最初はデイトレード（1日のうちに株を売買して利益や損を確定させる取引）からスタート**しました。記念すべき投資デビューです。リスクが小さいか大きいかでいえば大きいのは知ってましたが、リスク許容度を把握していませんでした。1日で数万円と大きく勝った時もあるものの、反対に負ける時もありました。仕事中、夜間、チャート（株価など金融商品のある一定期間の動き。図2で出てきたようなグラフのこと）が気になりすぎて寝られずに体調をくずしたり、夢にまでチャートや取引が出てたりしました。「エントリーどうするか!?」「あ〜やっぱりあの時、売却しておけばよかった……」とうなされて、真夜中に目を覚ますこともしばしば。

QOL（生活の質）は低下し寝不足とストレスで会社で倒れ、救急車で搬送されたことは2回。金銭感覚も狂い、たまに大きく勝つと衝動買いをしてしまい、負けてもその癖が抜けず金遣いが荒くなってしまったりもしました。

ちなみに当時の私は、次のようなことを考えていました。

「今よりもっとお金があれば、自由で幸せな生活が送れるのになぁ。もっとお金がほしい、もっと稼ぎたい、もっと増やしたい、もっと豊かになりたい、もっともっと……。

お金があれば毎朝満員電車で窮屈《きゅうくつ》になって職場に行く必要もない、成績や人事異動にビクビクすることもないし、上司や同僚との複雑な人間関係にも終止符が打てる。そして、毎月ギリギリの生活で銀行口座の残高を見てため息をつくこともない。子どもの習い事も制限なくさせてあげられるし、急な出費でも心を痛めることなくお支払いできる。節約で我慢しなくてもいい」

そんな生活に憧れを持つものの、でも現実は、何気なく使っていたクレジットカードからの請求額を見て、思っていた以上の額に驚く。なぜか手元にお金が残らない。予想以上に残高が増えない。

そこでお金が増えるという結果を焦るあまり、無謀にもロクに勉強も経験も積まずに、当時の自分には負担の大きい額で、デイトレードなんてしてしまったんですよね……。

現実をわかってないし、欲丸出しで、都合のいいことばかり考えていたどうしようもない人間でした。

それと、お金は使わないほうが正しい、とにかく安いものを手に取る、レシートをかき集めて細かく家計簿をつける、そんな生活もしていました。投資用の資金をかき集めるためにもです。ただ第2章で詳しく解説しますが、そんなことしなくてももっと手間もストレスもなく、簡単に勝手に投資用の資金（「タネ銭」と呼ぶことが多い）が貯まる方法もお伝えしますので、お楽しみに！

ところで、ここで挙げてきたこと、少なからず1つくらいは該当する人は、多いのではないでしょうか。一歩間違えると、昔の私のようになってしまうかも（いや、ならないかな……）。

疲弊のあまり、短期で利益が出せるデイトレードをやめて中期投資に変えました。そして次に出会ったのが、富裕層の知人から紹介された海外の未公開株。あまり知られていない美味しい金融商品だと勘違いして、手を出してしまい、後にこれが投資詐欺だと発覚……。

「とにかくお金を早く増やしたい！」「若いうちに儲かりたい」の一心で、心も身体もボロボロになってしまいました。

気が付くと、口座残高は投資前より激減。「こんなにもお金と時間と労力を費やしたのに、増えていないどころか大損失だなんて……、最初からやらなきゃよかった」と悔やみました。やっぱり私はツイていないし、投資に向いてないのかもしれない。また振り出しに戻り、絶望の淵に立たされたのです。

この時に得た教訓は、「よくわからないものには手を出すな」ということ。とはいえ、先ほどから「他人からの情報をうのみにするな」とはお伝えしていますが、だったら何を信じればいいのか？　という話にもなりますね。

結論は、考え抜いた末に納得のいった投資をすべきなのですが、いずれにしても、**よくわからない時点で手を出してはいけません。**

突き詰めて考えると、リスクの許容度に照らし合わせて考えるという方法で、ブレーキをかけることができます。「よくわからないものに投資する＝リスク許容度がわからない」となるからです。

私はすべて失ったからこそ、これらのことに気づきました。過去の私が失敗した理由は、頭が悪く数字のセンスがなかったからではありません。許容できるリスクの取り方をわかっていないだけでした。

許容できるリスクを取るための3つのポイント

リスク許容度の求め方は、先ほどご紹介した3ステップとなります。もっと簡単に言ってしまうと「取り返しがつきつつも、ある程度のリターンが見込める投資をする」ということ。感覚的にはなりますが、大きくは外さないはずです。

今だからこそわかりますが、10年前の私はこの感覚すら無視して、取り返しのつかないことをしていました。

もちろん、投資なのでリスクは必ずつきもので、損失が出る可能性をゼロにすることはできません。でも、**損失は軽減することなら可能**なのです。

そのための**許容できるリスクを取る方法とは、〈①長期　②積立　③分散〉の3つのポイントをおさえること。**

①長期：株価など金融商品の価格は、短期間で見ると上がったり下がったりします。大き

く儲けられる時もあれば、逆に損失を被ることも。しかし15年、20年、30年と長く保有すればするほど、リスク軽減になりやすいといわれています。

②積立：価格に関係なく、毎月決まった金額をコツコツ積立てていく方法。「ドル・コスト平均法」とよく呼ばれている手法です。1回あたりの購入価格のアップダウンがなくなることから、リスク軽減につながるのです。

③分散：複数の金融商品に分けて投資をすること。資金を複数に分けておけば、1つの金融商品が下落しても、他の商品で全体の値下がりをカバーできます。

この3つのポイントを守ることで、許容できるリスクを取りながら投資ができます。

私がこのような考えに至ったのは、過去の経験からです。一生付き合っていくお金だからこそ、疲弊せずゆるく長く安心して付き合っていきたいと考えた末の結論でした。

もしかしたら、どれもよく聞いたことがあるかもしれませんが、初心者じゃなくても失敗が続いている方こそ、しっかりと思い出したほうがいいような気がします。

安定と攻めのバランスを取る簡単な方法

先ほど、許容できるリスクを取るための3つのポイントで出てきた「③分散」に関連することを、詳しく説明します。

それは、リスクを取っていく割合を最初に決めておくことです。投資の世界では**「コア・サテライト戦略」**と呼ばれるものなのですが、意味をかみ砕くと「運用資産を「守りのメイン（コア）」と、リスクを取っていく攻めの「サブ（サテライト）」に分けて管理すること」となります（p47の図3）。

金融資産全体を10割と考えた時に、コアとなる8割を安全かつ慎重な投資にして、ノンストレス&穏やかにするよう推奨しています。残りの2割に該当するサテライトは、リスクをとって勝負をしていくのです。この、コア・サテライト戦略を取り入れた配分を意識することによって、長期的に安定しつつも積極的に資産を増やしにいくわけです。

短期で儲けたいとばかり躍起《やっき》になっていた過去の私の投資方法では、フルマラソンを全速力で走り自爆して疲弊している状態でした。しかし現在は、基本はジョギングで着実に進みながらも、ここぞという時には勝負に出てダッシュする、そんな感じです。

数字が苦手な方も、投資に時間をかけるのが難しい方も、お金のことをあまり考えたくない方も、ご安心ください。コア・サテライト戦略でいったん、基本は全力疾走ではなく、ジョギングのような感じでも、お金が貯まる仕組みを作ってしまえば、人生100年時代、コツコツ長くお金を増やしていけるのです。

図3　コア・サテライト戦略

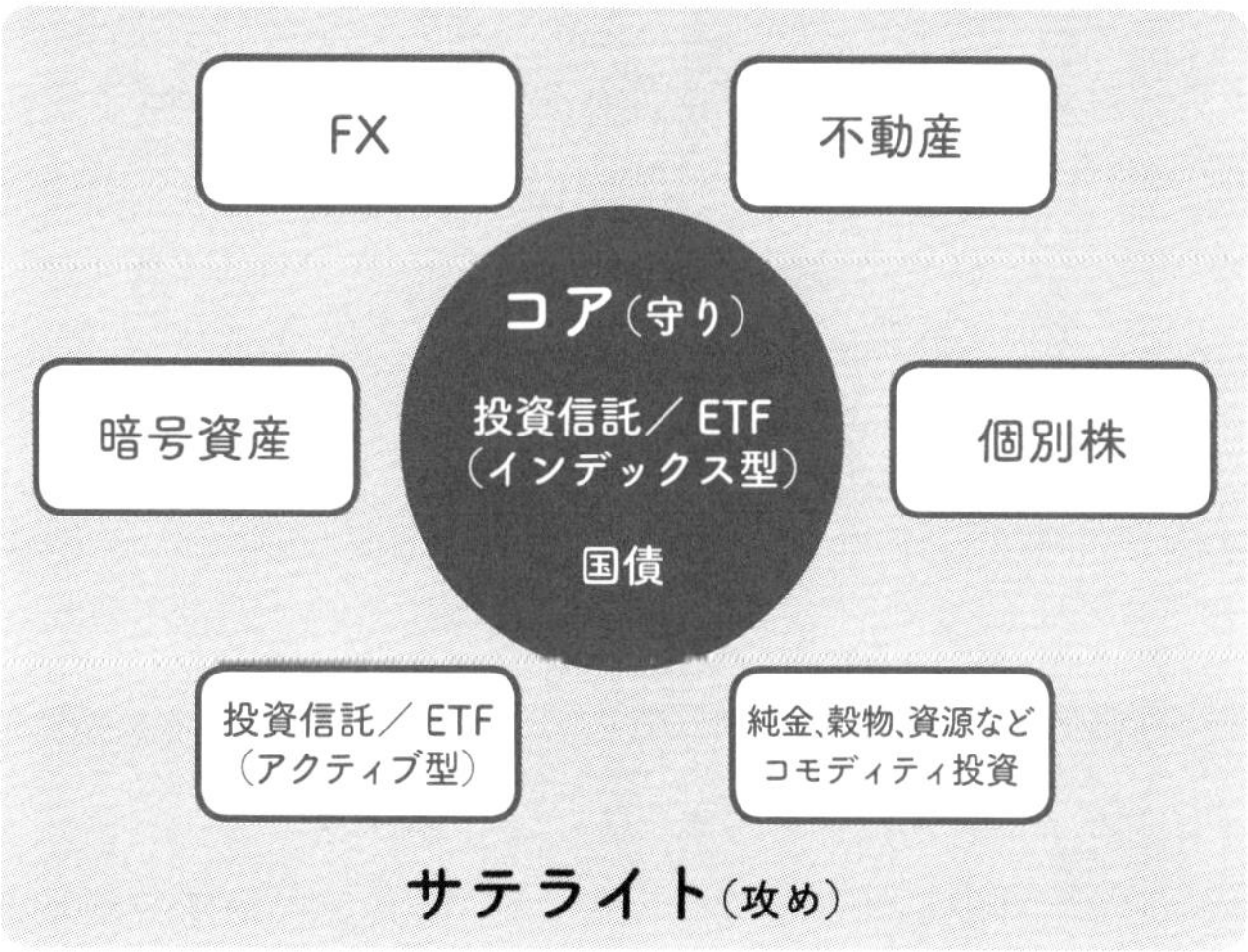

「預貯金が安全の時代」は、とっくに終わってます

ここまで私からのお話を聞いていただいて、「投資ってそこまでおっかないものではないんだな」と思ってくだされればとても嬉しいです。でも「まだ、投資って信じ切れないな」と思われる方もいらっしゃるかもしれません。「やっぱり投資は怖い……」「銀行に預けたままが一番安全だわ」といったように。

そんな方に、声を大にしてお伝えしたいことがあります。預貯金に落ち着きたい気持ちはわかりますが、**令和時代、真面目に預貯金にお金を置いているだけでは、あなたの現金の価値は下がります。**インフレ・円安の時代に突入した日本、投資をしないとみるみるお金が減ってしまうのです。

コロナ以降、「インフレ」や「円安」といった言葉を耳にする機会が増えています。そもそも、「インフレ」「円安」の意味や、それが具体的に我々の生活や暮らしにどのような影響をもたらすのかをご存知でしょうか？

わかっているようで理解しづらいのですが、投資をする上で最低限知っておきたいことを解説します。

まず、「円安」を見ていきましょう。「円安」とは、ドルやユーロなど他通貨に比べて円の価値が下がること。生活水準は変わらなくても、円安が進むほど生活費は上がります。なぜなら我々が住む日本は、海外から多くの物を輸入しているからです。円安が加速すると、輸入品の入手コストが上がります。食料品1つを見ても、日本の食料自給率は3割強とかなり低く、多くは輸入に頼っているのが現状です。たとえ同じだけ働いて稼いだとしても、暮らしにかかるコストが上がって生活は苦しくなってしまうということです。

一方で**「円」という通貨ではなく、個別株や投資信託など別の状態で資産を保有していれば、円が下がってもその影響を受けない**のです。

理解を深めるために、問題を出しましょう。「1ドル＝70円」と「1ドル＝130円」どちらが円安でしょうか？

答えは、「1ドル＝130円」のほうが円安。1ドル＝70円で買えることもある海外の商品が130円払わないと買えなくなる、と考えればイメージがしやすいでしょう（p50

の図4）。

２０２２年以降、円安になっているのは、様々な要素が絡みますが、大きなところで簡単に言い切ってしまうと、日本とアメリカのお金をめぐる政策の違いが主な原因です。その結果、アメリカのドルのほうが魅力でほしがる人が増えた一方で、円に興味を示す人が減ってしまったのです。

続いて「インフレ」とは、物の値段やサービスの価格が上がること。

２０２２年、２０２３年は値上げラッシュイヤーで、帝国データバンク「定期調査：「食品主要１９５社」価格改定動向調査―２０２３年動向・24年見通し」は、

図4　円高・円安が起きると、どうなるのか？

「主要食品メーカー195社が2023年に値上げする飲食料品数が、3万2396品目を超えた」と発表しました。2022年累計の2万5768品目を25・7%上回っており、バブル崩壊以後で例を見ないラッシュの1年としています。

ここ1~2年だけで、物の値段やサービスが凄《すさ》まじいスピードで上がっており、今後も記録的なペースで値上げになる見込みだと予測されています。このように日常生活を送るうえで必要不可欠なものが値上がりしており、私たちの支出が増えていきます。

そうなると、今持っている100円は100円のままである一方で、数年後には今100円する商品は120円などに値上がっているので、**現金をそのまま持ち続けることが不利になってしまうのです。**貯金するだけだと、今や銀行の利子では全くに近いほど増えませんから、100円は100円のままになります。

その逆が「デフレ」。これまで日本はほぼ30年間、デフレ時代が続いてました。デフレとは、物価がどんどん下がって、なかなか上がらないこと。

デフレが進行していくと、物の値段が下がりますが、利益も減り、給与が減ります。すると、世の中がどんどんものを買わなくなり、経済活動が縮んでいくようになります。このようなスパイラルにハマってしまうわけです。

今後は投資系商品の価値が上がり、現金の価値が下がっていく

これから続くとされるインフレ時代に強い資産というのが存在します。結論から申し上げますと、図5（p53）の通り。もちろん同じ投資信託やETFでも内容次第であるなど、個別の事例を挙げていくと差はありますが、大まかな傾向としては図5のようになります（※ETFについては簡単ですが、p185の「4）ETF」にて説明しています）。

逆の傾向になるのが、デフレ時。

これまで約30年間続いていたデフレの日本においては、現金が強いので預貯金だけでも問題ありませんでした。

しかし今後のインフレ下においては、現金のみだと資産価値はどんどん目減りしていきます。一方で**インフレ時は通常、企業の業績は上がり株価などが上がる傾向なので、株など金融商品を保有することで、リスクを軽減することができる**のです。

つまり、インフレ、デフレそれぞれの時代に合わせて、お金の置き場所を変えていかなければならないということです。

もう一度、図5を見返してください。パッと見て、どちらか片方にご自身の資産が偏っているという方は、お金の置き場所の見直しが必要になってきます。

特に、今の日本で「インフレに弱い資産」に偏っている方は、要注意。**できるだけインフレに強い投資信託や不動産の比率を高めたい**ところ。

とはいえ、莫大な現金を一気に投資信託などに変えなくてOK。現金だって普段の生活で必要ですから。無理のない範囲で、

図5 インフレに強い資産と弱い資産

インフレに強い資産	インフレに弱い資産
個別株	現金
投資信託やETF	貯金
純金をはじめ現物資産	保険（円建て）
不動産	債券

少しずつ割合を変えればいいのです。

現金100万円が20年後は67万円の価値に下がる!?

残念ながら、このままでは現金の価値はどんどん下がっていきます。もしかしたら、多くの方が、インフレはたまたま一時的なものだと考えているかもしれません。

しかし、その考えは大きな勘違い。なぜなら、**日本銀行は「毎年2％のインフレ率が理想」と目標を掲げているくらい**ですから。

これからは、30年以上続いたデフレに終わりを告げ、時代の流れが変わっていくと思われます。

「現金の価値が下がるって……⁉ 目の前にあるお札が消えるわけでないのに」と疑問をお持ちの方も多いでしょう。今から、理由を具体的に説明していきます。

図6（p55）は、元本100万円の20年後の実質的価値を、インフレ率別に比較しています。インフレ率が上がるごとに、現金の実質的価値は下がっていくことが示されていま

す。

例えば物価が20年間、毎年2％ずつ上昇した場合を見てみましょう。現金のまま置いている100万円の実質的価値は、約67万円相当まで目減りしてしまうのです。しかも実際のインフレ率は、2022年、2023年は2％をはるかに上回っていました。

今までは日本は、インフレの逆である「デフレ」が長期間続いていたので、銀行にお金を置いておく懸念点は、あまり意識されてこなかっただけなのです。

特に打撃を受けるのが、我々の給与。

勤め先からもらう給与は、右肩に上がっ

図6 インフレ率別・元本100万円の20年後の価値

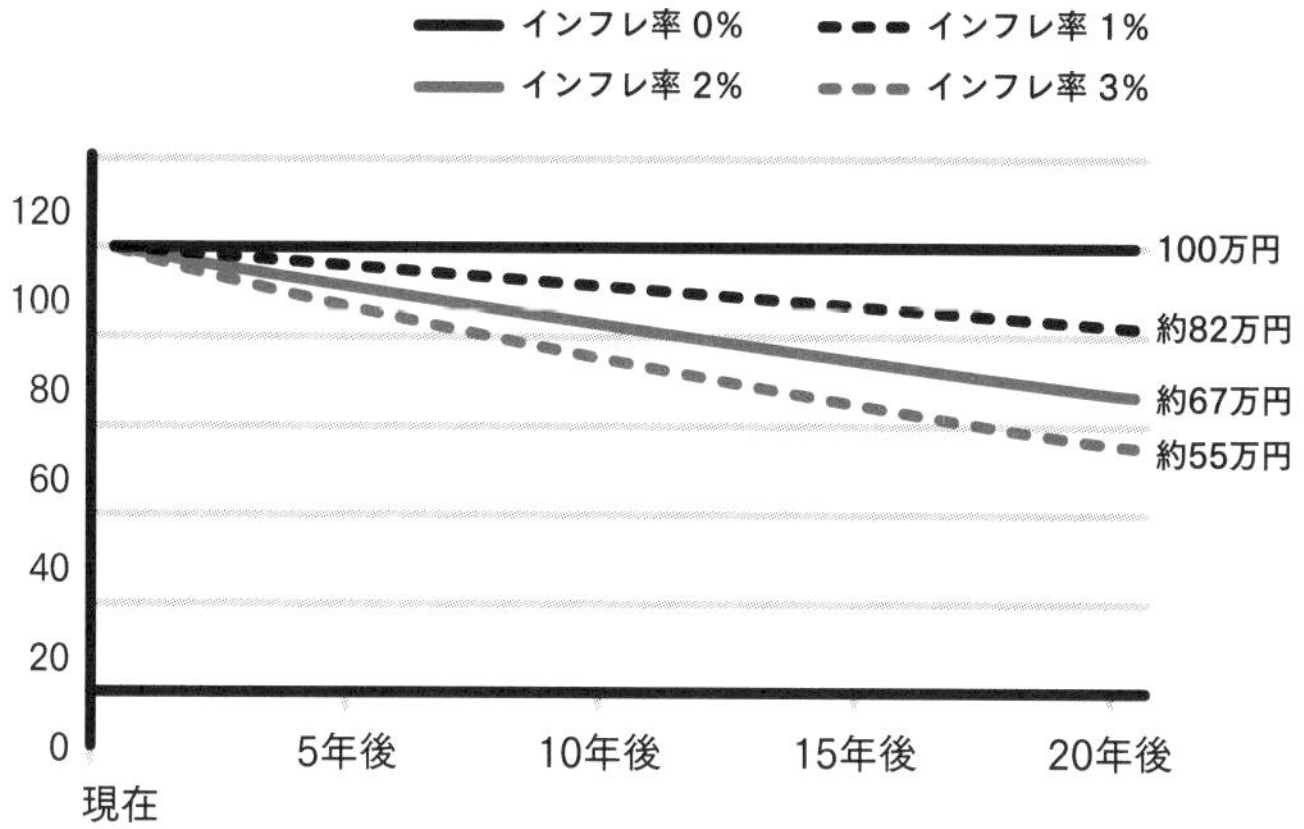

出典：野村アセットマネジメントお金を育てる研究所「インフレ率別・元本100万円の20年後の価値」
https://www.nomura-am.co.jp/sodateru/start/why_invest/02_inflation.html

ていますでしょうか？　残念ながら、答えは「NO」。**日本の平均給与額は、ここ数年だけでなく、30年間ずっと横ばい**なのです。

諸外国と比較しても、この30年の差は顕著。日本人の平均年収は世界的に見ても低く、バブル崩壊以降、日本の賃金水準はほとんど変わっていません。世界的に見ても異例の事態であるといえます（下の図7）。

ここ30年の日本の平均給与の推移から浮き彫りになった、日本が直面している課題について見ていきましょう。

国税庁の「令和4年分 民間給与実態調査」によると、日本の平均年収は458万

図7　実質賃金の国際比較

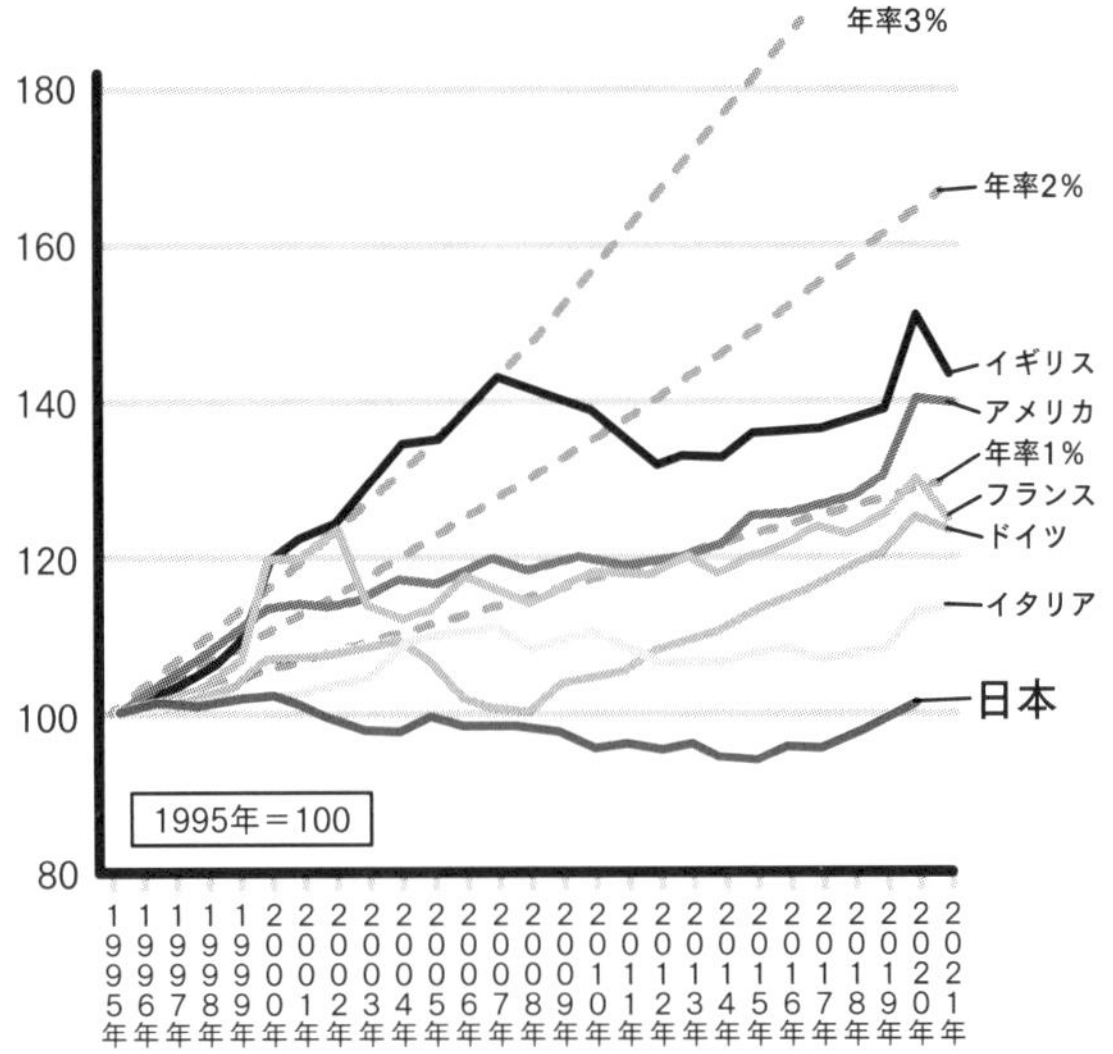

出典：厚生労働省「経済指標の国際比較」

円。過去数年間で年収にほとんど変動がないことがわかります。

次に過去30年間ほどを見ていくと、衝撃的な数字が出てきます。実は30年間、平均年収はほとんど変わっていないのです。1992年～2018年で見ると、最も高かったのは1992年の472・5万円で、2024年頃と比べるとこの頃のほうが高かったのです（下の図8）。

年収が上がっていない＝企業の成長が停滞、このことにより日本経済が長年成長していない状態が続いていることがわかります。

年収が上がっていないのに、消費税も社会保険料の負担比率も増えています。

図8　日本人の平均年収の推移

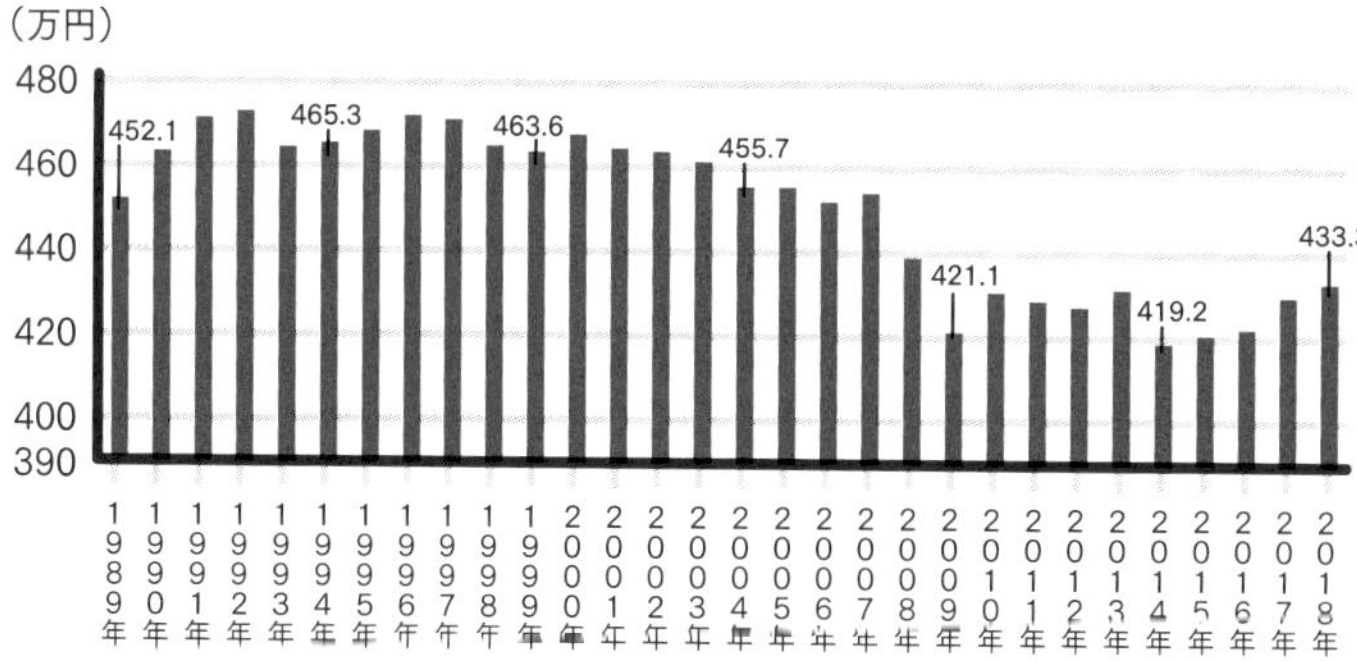

出典：厚生労働省「図表1-8-2　平均給与（実質）の推移（1年を通じて勤務した給与所得者）」

これから現金の価値が上がらず、しかも年収も増えなそうだという現実がある中で、それでもまだ、現金だけを持ち続けていて、果たしていいのでしょうか？　かなり危険だと思うのは、私だけではないでしょう。

金融商品ごとに、リスクとリターンは傾向がある

ここまでのお話で、ニュースなどで耳にする岸田政権の「貯蓄から投資へ」は、あおりでも何でもないことがおわかりいただけたことでしょう。政府の資料には、「貯蓄から投資へ」を実現するためには、預貯金の過半を保有する高齢者に投資を促すとの記載もあるくらいです。

「高齢者にもですか？」という声が聞こえてきそうですが、もちろんです。なぜなら政府は「公的年金だけでは老後資金は不足するので、足りない分は各々の努力で調達してほしい」と願っているからです。年金額は、どんどん減っていくことが容易に予想できます。この問題は、少子高齢化が解消されない限り、ずっと付きまとうのです。

日本人の平均寿命は長くなり、「人生100年時代」と呈されるようになりました。私たちの働き方や生き方が多様になっているのと同様に、それぞれのライフプランに合わせた資産形成が必要になってきます。セカンドライフまで、自分の思い描く充実した人生を迎えるためにも、自らお金を守り増やしていくということがとても重要になってきます。

とはいっても散々述べてきたように、投資にはリスクがつきもの。そのリスクは金融商品によって異なってきます。

下の図9は、金融商品ごとのリスクとリターンの関係。リスクが高まるほど、リターンも期待できることが読み取れます。

図9 金融商品のリスクとリターンの関係

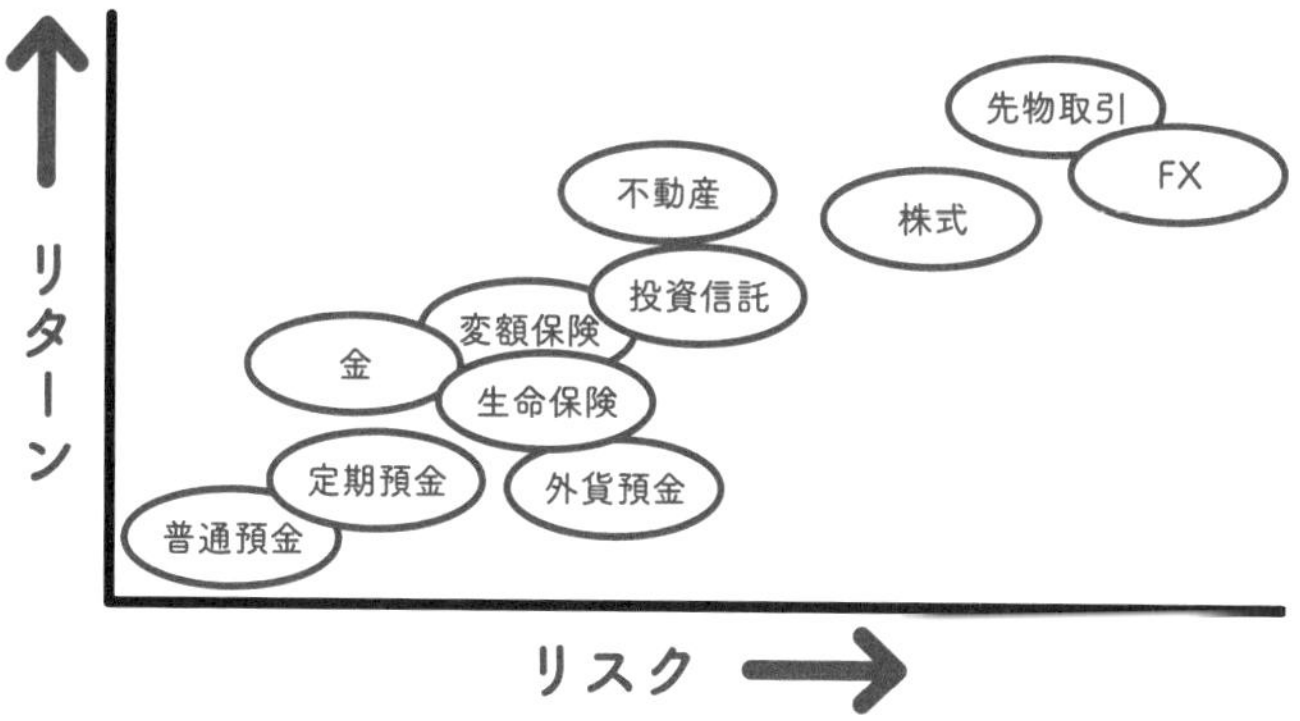

出典：ふどなび「サラリーマンにおすすめの投資3選と失敗しないための注意点」（PLAC株式会社）

注意したいのは、同じジャンルでも選ぶ商品や組み合わせや手法によって、リスクもリターンも全く異なってくるということ。この図はあくまでも、金融商品ごとの大まかな特徴を捉えるためのものです。

リスクも低くリターンも低い代表選手は「普通預金」。それに続くのが「定期預金」です。ただ、2つとも超が100個くらいつく低金利が続いている現在では、ほぼノーリターンと考えてよいかもしれません。むしろ今までお伝えしているように、インフレ下では価値が目減りしていく金融商品です。

反対にリスクは高い分、うまくいった時にリターンが大きいのは「FX」や「先物取引」。これらの商品はレバレッジ効果（投資では、利用する金融機関からお金を借りることで何倍もの額の取引をして、投資効果を高める効果を意味する）を使う分、うまくいけば短期で投資した資金の何倍ものお金が返ってきますが、逆に失敗すると多額な負債を背負うことになりかねません。

これが結論！ 長期でインデックスを基本とし、時には勝負に出る

以上、この第1章だけでも、いろんなお話をしてきました。全体をまとめますと、結論はズバリ、以下に述べる通り！

長期投資が基本。できれば最低でも15年間は売らずに保有し続けてほしいです。というのも、長期投資はすぐに大きな見返りを期待することはできませんが、複利効果でコツコツ資産を増やし、安定した利益を得られやすいからです。複利効果については、後で詳しくご説明します。恐らく、想像以上の効果だと思われるでしょう。

私は過去に、超初心者なのに手を出したデイトレードという短期投資で散々な目に遭ったからこそ、今では資産の8割を安全かつ慎重な投資でノンストレス＆穏やかなインデックス投資（投資信託やＥＴＦ）を選ぶことを推奨しています。

過去の私のように、知識も判断基準も不十分なまま短期で大儲けしようとするのはギャンブルと呼んでいいのですが、正しい知識・正しい順番・正しいタイミングがわかったうえでの投資は、「許容できるリスク」を取っていることになります。

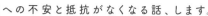

投資の手法には、インデックス投資とアクティブ投資というものがあります。

インデックス投資は、簡単にいえば平均点を狙う手法です。米国株インデックス投資であれば、米国株に広く分散して、その市場の平均的なリターンを見込みます。ちなみに、インデックスとは「市場の値動きを示す指数（市場の値動きを示すものさしのこと）」を指します。

一方、アクティブ投資は、積極的に投資先を厳選して、インデックスを上回るリターンを目指します。ただし、うまくいくこともあれば失敗してしまうこともあるため、**アクティブ投資を選ぶのは難しい**ともされています。また、**アクティブ投資のほうが手数料は高い傾向にあるため、私はインデックス投資をお勧めしています。**

なお、米国インデックスという言葉がよく使われますが、米国株インデックスをよく指します。その中でも代表的で広く知られていて人気が高い１つが、Ｓ＆Ｐ５００です（Ｓ＆Ｐ５００については、ｐ１５３で解説します）。

考え方としては、**いきなり大きなリスクをとるのではなく、最初は小さいリスクからテ**

ストレし、自分のリスク許容度を知り慣れてきたら徐々にリスクを上げていく。そして、「ここぞという勝負所」では自信を持って、「大きなリスク」を取りにいけることがポイントです。

この考えを上手く活用したことで、貯金ゼロのどん底状態からでも、30代ママで億の純資産を築きFIREを達成しました。以前のような大きなストレスは感じることなく、無理なくチャレンジできる金額で許容できるリスクを取りながらリターンを得たことが、今の資産を築けている理由です。多くのしくじりを経験してきている私だからこそ、基本の土台を構築した上で時間をかけて、できるだけ安全安心な投資術を最初に身につけていただきたいと考えています。

過去の経験から学んだことは、地味ですぐに増えないけれど、資産のメインは、手堅いインデックス投資（略して「インデックス」とだけ呼ぶことも多い）のようなものでコツコツ積立が基本。勝負として使うのは、個別株や暗号資産や短期トレードですが、あくまで投資額の2割に留めつつ、最悪なくなってもよいお金で投資をする考えに切り替わりました。

節約生活なんてしなくても、投資用資金は簡単に用意できる！

「あ〜、自分の人生ってなんでこんなに災難ばかりだろう。ついていない……」

このワードが頭をよぎったこと、一度はありませんか？　私は言うまでもなくあります。むしろ、毎日のように思っていましたが、恥ずかしくて周りには言えなかったです。思い返せば当時は、お金、人間関係、仕事、全部がうまくいっていなかったです。すべて失ったからこそ、気づきました。全部が自業自得であったことを……。

私以外にもこの本を手にとってくれている、あなたも同様かもしれません。大なり小なり、お金の失敗をしていることでしょう。

でも、思い返してください。毎月収入より支出が上回っていたり、気づいたらリボ払いが重なっていたり、何にお金を使っているか把握していなかったり、その結果月末になると家計が苦しくなっていたり……など。

このような経験は恐らく誰にでもあるのでは？　特に、毎日仕事や家事や育児を頑張っている忙しい人ほど、お金の失敗はありがちです。

私もいくつもの失敗を繰り返してきたからこそ、気づいたことがあります。実はこのような お金の失敗こそ、自分の生き方を見直すきっかけを与えてくれたことに。

そこでまず考えることとして、**「現状のお金が貯まらない・増えない原因」に向き合うことが大切となります。そのための方法は、現状の把握**です。

なぜなら、原因を明らかにすることで支出を継続して減らすことができたら、効率よく勝手にお金を貯めることにつながるからです。すると、**「お金が貯まる仕組み」が出来上がります。**

投資をためらう理由としてよく挙がるのが「お金がない」という悩み。でもそれは、「お金が貯まる仕組み」さえ作ってしまえば、あっさりと解決できます。

次の章からは、具体的にどのようにして、お金が貯まる仕組みを作るのかをレクチャーします。今までとそんなに変わらない生活をしているのに、どのようにして無理せずに投資のタネ銭を作れるのかについて、ご紹介していきます。乞うご期待！

第2章

投資用のお金がない、なんてことはあり得ません。

——投資用のタネ銭を簡単に作る方法、
教えます。

食費や交際費よりも、固定費の見直しが重要な理由

「効率よくお金を増やしたのであれば、最初に毎月の収支を把握をしよう！」とお伝えしています。投資というと、よい銘柄や上手い手法を探したがる方が多いのですが、「収支の把握」なくして何も始まりません。「そんな簡単なこと？」と思う方もいらっしゃいますが、できていない方が多いのも事実。

収支が把握できたら、支出の見直しをぜひ行なってください。お金の使い方で無駄を省いて、より多くのお金を投資に回すことが、基本のキになります。

収支の把握や見直しというと、家計簿を細かくつけたり節約したりというイメージを持たれているかもしれません。でも、ご安心ください、その必要はありません！

なぜなら、節約や我慢って１ヶ月や２ヶ月はできても、長続きせずに息苦しくなって精神的にストレスを抱えてしまうから。相当根性がないと、続きません。最終的には「自分はなんてダメな奴なんだ……」と落ち込み、お金は貯まらないし自己肯定感を下げること

にもなります。

結局何事もそうかと思いますが、**継続できないと意味がない**のです。

案外クセモノなのが、**食事や交際費。**真っ先に簡単に減らせるように思われがちですが、一時的であるものばかりで、なかなか続きません。無駄遣いはもちろんご法度ですが、選別が難しかったり、人付き合いに影響が出たりしますので、一筋縄ではいきません。質素なものばかり食べていたら、ストレスもたまるでしょう。

じゃあ、結局どうすればいいのか？　実は、無理なく我慢せず効率よくお金を貯める方法があるんです！　**優先して見直すとスムーズにいきやすいのが「大きな固定費」**となります。

大きな固定費って何か？　レジャー？　旅行？　帰省代？　子どもの習い事代？　家電？　どれも違います。

代表選手は、電気代、水道代などのインフラ系、車の維持費、保険料などですが、後で詳しくお伝えします。

それぞれで違う固定費から挙げていきますと、月額のオンラインサロン代、プレミアム会員費、あまり行けていないジム代など、習い事の月謝のような類です。心当たりはありませんか？　本当に必要なものであれば残してもいいのですが、有効に活用できている固定費なのか、もう一度見直してください。

固定費って、軽く見られることが多いもの。1回で6万円の買い物は高いと感じるのに、月5000円の固定費に無頓着の人が後を絶ちません。「5000円くらいなら」という調子で払い続けていると、ちりも積もれば山となります。年間で6万円に達します。しかもずっと払い続けると、30年で180万円という大金に……。

例えば、これを年利5％の投資信託で運用していると、30年間で約410万円まで増やすことができます。180万円捨てることになるお金が、ほったらかしで400万円以上にも増えると考えると、大きくありませんか？

この毎月かかる固定費を削減し続けることができたら、節約の効果は高く効率よくお金を貯めることにつながります。

5つの固定費を見直すだけで、勝手にお金が貯まるようになる

「大きな固定費の見直しはわかってる！　でも具体的にどう見直しをしたらいいの？」そう思っている方も多いはずです。

そんなあなたも、安心してください。まずは図10（p72）にある見直しポイントを確認していただくだけでも、固定費を大きく削減することができます。

まず、「人生の5大固定費」をご存知でしょうか？　人生の5大固定費とは、①光熱費②通信費　③車の維持費　④住宅費　⑤保険料の5つのこと。この5大固定費を見直すだけで、自然とお金が貯まる仕組みを作ることができます。

具体的に、見直し項目を1つずつ見ていきましょう。

図10 「お金が貯まる仕組み」チェックシート

こちらからダウンロードできます。➡

種類	項目	チェック内容	✓
使う	光熱費	①電力会社の比較や乗り換えをしている ②必要な分だけ家電を使用している	
	通信費	①スマホ代は月に5000円以下である ②格安スマホでプランは最低限のものである ③サブスクリプションは必要なものだけである	
	車の維持費	①レンタカーかカーシェア、タクシー利用で済む場合は車は手放す ②保有する場合は、使う頻度や距離が多く、日常生活に与える影響が大きくなっている ③家族で複数台所有している場合は、台数をまとめる	
	住宅費	①マイホームか賃貸かは、メリットとデメリットを踏まえて選択している ②賃貸の場合は、家賃は身の丈に合っている ③月々の金額の目安は、手取り収入の1/3以下	
	保険料	①民間の保険は、加入を検討してもいい次の３種に絞っている 1)掛け捨ての生命保険　※未成年の子供がいる家庭で、世帯主の場合 2)火災保険（地震保険）と団体信用生命保険（団信）　※住宅購入者の場合 3)自動車保険　※車を保有している方 ②先の3種以外に加入した民間の保険があったら、それは熟考したものになっている	
	サブスク代	①契約しているサブスクを把握している ②月にいくら・年にいくらかを理解して加入している	
	月額の習い事代	①無駄なく無理なく通うことができている ②他に代用できないか検討済みである ③自身にとって有意義な時間を過ごせている	
貯める	収入の把握	①額面はいくらかわかる ②手取りがいくらかわかる ③金融機関ごとの預貯金の額を把握している	
	支出の把握	①月当たりの生活費がいくらかわかる ②月の生活費の予算を決めている	
	大きな固定費の見直し	次の5大固定費の見直しができている ①光熱費　②通信費　③車の維持費　④住宅費　⑤保険料	
	3つの銀行口座で管理	①生活費など「使う口座」 ②予備費など「貯める口座」 ③投資などで「増やす口座」	
増やす	資産運用	①NISA用の口座を開設している	
		②NISAで購入する商品を決めている	
		③自分の目標に向かってNISAを活用できている	

光熱費 〜今すぐできる! 超簡単に約64%削減

2016年にスタートした電力の自由化。サービス内容や価格を吟味して、自由に電力会社を選ぶことができるようになりました。

電力会社の乗り換えと聞くと、面倒に思われるかもですが、めちゃくちゃ簡単! 3ステップで変更完了です。

ステップ1) 乗り換え先の会社を選ぶ

「電力会社　比較」などで検索すると、各社の料金を比較できます。

ステップ2) 乗り換え先の電力会社にネットで申し込む

ステップ3) 申し込みから1ヶ月前後で、だいたい乗り換え完了

以上です、拍子抜けしませんか? **契約中の会社に解約届は不要**なのです。毎月3000円安くなれば、年間3万6000円、一度手続きするだけで、ずっと削減し続けることができるだなんて素晴らしくないですか？

住んでいるエリアや家族構成や使用時間帯でそれぞれマッチする電力会社は、変わってきます。まずは、ネットで「電力会社　比較」や「電気代　シミュレーション」などで検索し、比較検討してみてくださいね。

2023年の各電力会社値上げ率は、30％～40％前後と高い数値となりました。「えっ⁉　こんな急に高くなってる……」と驚かれた方も多いのではないでしょうか。天然ガスや石炭などの地下資源価格の高騰や円安の影響が要因で、家計的にも厳しい状況が続いています。

そんな中、我が家は1ヶ月の電気代が過去最高金額「4万9635円」という驚異的な数字を叩き出してしまいました。これはまずいと本腰を入れて意識したところ、2ヶ月で64％削減に成功しました。櫻井家の見直しポイントは、次のたった2つだけ。

1）浴槽乾燥機の使用頻度を1日1回にした

2）食洗機の使用頻度を1日1回にした

以上です。今までは少ない量でも気にせず、どちらもだいたい1日3回ほど使用していました（過去最高の時は3回どころじゃなく、何回使ってたんでしょう……）。そこでいろいろと調べると、浴槽乾燥機の電気代が3時間で約100円など意外に高いことを知り、不必要に使う頻度を減らしました。すると1日200円、1ヶ月6000円削減できるわけです。食洗機の洗濯機能と乾燥機能の分も合計すると、これらだけで月に約2万円の削減ができました。こうして元々の電気代から、約64％減らせたのです。

もちろん、過度な節約はストレスになるので、やめたほうがいいでしょう。私の場合は、洗濯物シャツ4～5枚で浴槽乾燥機を使ったり、お皿4～5枚で食洗機を利用していたので、**以後はまとめて1日1回で利用するように変えました。**

電気代がかかる機器類ランキングなども、検索すればいくつか出てくるので、その中で使用頻度を減らせそうなものがありましたら、そこから着手することをお勧めします。

通信費 ～格安スマホで料金半分に

通信費とは、スマホ代やWi-Fi代のこと。毎月スマホ代に5000円以上かかっている人は、かなり費用がかさんでいると思っていいので、絶対に一度は見直しをしてください。我が家は**スマホ代の見直しで半額以下になり、夫婦で年間約10万円削減できました。**

櫻井家の見直しのポイントとしては、

●大手キャリア⬇格安スマホに変えた
●プランは最低限のものを選択（通話はＬＩＮＥやＺｏｏｍなどの無料アプリ）
●サブスクリプション解約

最初に確認したいのは、大手キャリアを使うかどうか。格安スマホに向いていない人は、店舗で対面での相談が必要、固定電話との通話が多い、キャリアメール（@docomo.ne.jpなど）を使いたいなどです。逆をいうと、ここに該当しない方であれば、**格安スマホに変えても大きい支障は特に見当たらないので、さっさと変えてしまいましょう。**

格安スマホとは、大手キャリア（ドコモ、ａｕ、ソフトバンク）以外を指します。「格安ＳＩＭ」や「ＭＶＮＯ」もほぼ同義で使用されています。ＵＱ ｍｏｂｉｌｅ、ワイモバイル、楽天モバイル、ＬＩＮＥＭＯなどです。

ＭＭ総研の調査によると、携帯電話利用者の月額利用料金は平均４３１７円（２０２３

年7月調査)。2020年12月調査から、1017円減少している結果でした。格安スマホもどんどん進化しているので、使いやすくなってきています。

櫻井家では、大手キャリアからワイモバイルに変更しました。高層マンションで通信に使う電波に懸念があり、高層階でも圏外にならないであろうソフトバンク運営でサブブランドといわれているワイモバイルを選択しました。通信に使う電波は、大手キャリア同様となっているので、速度低下が少なくて済みました。安価に設定されている料金プランが充実しているのも、うれしいです。

乗り換えをしたことにより、**1人1ヶ月5000円削減**できました。夫婦で1ヶ月1万円、1年で12万円、10年で120万円カットという計算になります。食費を削ったり、スーパーで1円でも安い食材を探すより、恐ろしいほど簡単に支出をカットできるわけです。

車の維持費 ～車1台にかかる費用は生涯で約5000万円!?

車1台所有する場合の生涯維持費は、約5000万円かかる……。家が買えちゃう値段です。この事実、ご存知でしょうか? 車種や居住地によって差はあるものの、人生の大きな支出の1つです。

なぜこんなにかかるのかというと、発生する費用を合計していくことで明らかになります。車両本体の費用はもちろん、税金、保険料、車検代、ガソリン代、駐車場代など多岐にわたり、合計すると莫大な費用となるのです。

住宅購入のように何千万円ものまとまった額を提示されるわけではないことから、**合計の出費額が実感しにくい**かもしれません。居住地や価値観も大きく影響しますが、公共交通で何とかなるのであれば車は所有しないことをお勧めします。我が家でも車は保有していません。電車、バス、必要に応じてタクシーで十分になっています。

図11　車1台にのしかかる合計費用の真実

今、保有している人は売却をして、家族で複数台所有している人は一家に1台などにまとめる。レンタカーやカーシェア、タクシーに変えてもいいでしょう。

とはいえ、車を手放せば今までのように快適でなくなるかもしれませんし、マイカーがあるほうが都合のよいこともあります。

そこで見直しの目安になるのは、使う頻度や走行距離、どのくらい乗り続けるか、日常生活に与える影響などを鑑みて、選択することです。ご自身やご家族のライフスタイルに応じて考え、経済的な負担にならないよう決めていきましょう。

住宅費 ～購入VS賃貸。出費だけで考えれば、購入の勝利？

「購入VS賃貸」、これは永遠の課題だと感じている方も多いのではないでしょうか。「人それぞれ、ケースバイケース」なのが本音ですが、何もアドバイスしていないのと同じなので、せめて精度の高い選択方法をご紹介します。

まず、メリットとデメリットを一緒に見ていきましょう。

●購入：メリットは、資産になること。住宅ローンを完済すれば、住居費の負担が一気に軽くなることが魅力です。ただ、デメリットとしては住み替えが難しいこと、固定資産税やリフォーム代などがずっと自費負担になることです。

●賃貸：メリットは、ライフスタイルやその時にあわせて、臨機応変に住み替えできること。しかしデメリットとしては、老後になったとしても家賃をずっと払い続けないといけないこと、自分の資産にはならないことです。

ただし、**人生100年時代を考えると、購入にメリットが多そうです。**理由は単純で、平均寿命が長くなっている分、住居費がかかる期間が長くなるからです。つまり、定年後や老後など生きている間に、最大の固定費である住居費がかかるのとかからないのとでは、大きな差になると考えられます。

また、賃貸だと高齢になった場合、引っ越しが難しくなります。なぜなら、年配の方に貸してくれる部屋は減ってしまうから。

具体的に、老後65歳～90歳まで25年間での住居費の総額を考えてみましょう。平均寿命を鑑みても、90歳まで生きる確率は男性で4人に1人、女性では2人に1人だといわれています。寿命は今後どんどん延びていくとされていて、厚生労働省のデータによると、2040年には女性の2割は100歳まで、男性の4割が90歳まで生きると推計されています。

家賃は老夫婦2人暮らしだと、平均6万~20万円と、住む地域によってばらつきがあります。仮に家賃が月8万円かかるとして、年間96万×25年で2100万円。月10万かかる場合は、年間120万×25年=3000万円。**2000万円は軽く超えそう**です。

一方で購入の場合、ローン返済済でも固定資産税やリフォーム費用はかかりますが、自身の資産になります。あまりにも大掛かりなリフォームでもしない限り、賃貸よりはだいぶ費用負担は減りそうです。

ただし購入ならではのデメリットも先に挙げたように存在するので、これらを総合的に考えて判断するしかありません。何が譲れず、何が諦められるか、これが住宅選びでは特に問われます。

民間の保険は加入不要

保険は、住宅に次いで人生において2番目に高い買い物となる家庭も多くなっています。毎月支払っている保険料はそれほど負担にならなくても、数十年分を合計すると1000万円を超えていることも珍しくありません。これは計算間違いではありません。

日本の1世帯あたりの年間の生命保険料は、平均37・1万円となっています（生命保険文化センター「2021（令和3）年度「生命保険に関する全国実態調査」（2021年12月発行）」より）。これを30年払い続けると、約1100万円。他の保険も合計すると、もっと莫大な額になります。

年間37万円という額は、月額に換算すれば約3万円。例えば、この資金を年利5％の投資信託で30年運用すると、将来の運用資産額は2400万円を超えます。

もちろん保険と投資は、目的は全く違います。とはいえ**保険こそ、目的をはき違えやすいもの**なのです。

本来の保険の役割は、いざという時に起こる重大事態に備えること。ところが、備えのために保険に加入したつもりが、逆に家計を圧迫しているような悪循環に陥っていませんか？ まさに本末転倒。「とにかく保険に入っていたら安心」この考えは捨ててください。

結論をお伝えすると、基本的な考えとして**民間の保険には加入する必要はありません。なぜなら日本に住んでいる我々は、すでに最強の公的保険に加入しているから。**しかも5つも入っているのです。ケガや病気に備える「医療保険」、労働中の事故なら「労災保険」、失業したら「雇用保険」、介護が必要になったら「介護保険」、老後には「年金保険」の5つ。世界最高水準ともいわれています。日本は国民全員が最低限の生活を送ることが憲法で定められていることも、背景としてあります。

その最強っぷりは、どれくらいなのか？ 制度が充実しているのは何となく聞いたことがある方がほとんどかと思いますが、恐らく想像を超えているのではないかと。これが案外知られていないように思いますので、以下で解説していきます。ただし、本書は保険がメインテーマではありませんので、「一言で言うと」くらいの簡単な復習的な説明と、案外知られていない恩恵を中心にお伝えしていきますね。

公的医療保険 ～医療費がかさんだら月に4・4万円まで下がる人がほとんど

公的医療保険をあらためて説明すると、病気やケガの際に頼りになるもので、自己負担額はだいぶ軽減される制度です。住民票がない、生活保護を受けているなどの事情がない限りは、**学生や無職でも入ることができます。**

よく**月に8万円までで済む**とはいいますが、本当でしょうか。図12（p85）をご覧ください。自己負担限度額は「年収約770万円までなら8万100円＋（医療費－26万7000円）×1％」となるので、8万円程度で済むのは本当です。平均年収は545万円で、最も高い50～59歳男性の平均でも687万円なので（国税庁「令和3年分 民間給与実態統計調査」より）、ほとんどの方が上限8万円程度となります。年収370万円以下なら、もっと下がります。

「とはいっても、年取ると病院にお世話になることが増えそうだから不安だ……」と思う方は、**「多数回該当」**の欄を見てみましょう。過去12ヶ月以内に3回以上限度額に達した方に適用されるもので、**4回目からは限度額が下がり4・4万円になる**のです（年収約3

図12　患者負担割合及び高額療養費自己負担限度額

<table>
<tr><th rowspan="6">70歳未満</th><th>年収や住民税の状況</th><th>負担割合</th><th colspan="2">月単位の上限額（円）</th></tr>
<tr><td>年収約1160万円～
健保：標報83万円以上／国保：旧ただし書き所得901万円超</td><td rowspan="5">3割</td><td colspan="2">25万2600＋（医療費－84万2000）×1%
〈多数回該当：14万100円〉</td></tr>
<tr><td>年収約770～約1160万円
健保：標報53～79万円／国保：旧ただし書き所得600～901万円</td><td colspan="2">16万7400＋（医療費－55万8000）×1%
〈多数回該当：9万3000〉</td></tr>
<tr><td>年収約370～約770万円
健保：標報28～50万円／国保：旧ただし書き所得210～600万円</td><td colspan="2">8万100＋（医療費－26万7000）×1%
〈多数回該当：4万4400〉</td></tr>
<tr><td>～年収約370万円
健保：標報26万円以下／国保：旧ただし書き所得210万円以下</td><td colspan="2">5万7600
〈多数回該当：4万4400〉</td></tr>
<tr><td>住民税非課税</td><td colspan="2">3万5400
〈多数回該当：2万4600〉</td></tr>
<tr><th rowspan="10">70歳以上</th><th rowspan="3">年収や住民税の状況</th><th rowspan="3">負担割合</th><th colspan="2">月単位の上限額（円）</th></tr>
<tr><th></th><th rowspan="2">上限額（世帯ごと）</th></tr>
<tr><th>外来（個人ごと）</th></tr>
<tr><td>年収約1160万円～
健保：標報83万円以上／国保・後期：課税所得690万円以上</td><td rowspan="3">3割</td><td colspan="2">25万2600＋（医療費－84万2000）×1%
〈多数回該当：14万100〉</td></tr>
<tr><td>年収約770～約1160万円
健保：標報53～79万円／国保・後期：課税所得380万円以上</td><td colspan="2">16万7400＋（医療費－55万8000）×1%
〈多数回該当：9万3000〉</td></tr>
<tr><td>年収約370～約770万円
健保：標報28～50万円／国保・後期：課税所得145万円以上</td><td colspan="2">8万100＋（医療費－26万7000）×1%
〈多数回該当：4万4400〉</td></tr>
<tr><td>～年収約370万円
健保：標報26万円以下（※1）／国保・後期：課税所得145万円未満（※1）（※2）</td><td rowspan="3">70～74歳2割
75歳以上1割
（※4）</td><td>1万8000
〈年14万4000（※4）〉</td><td>5万7600
〈多数回該当：4万4400〉</td></tr>
<tr><td>住民税非課税</td><td rowspan="2">8000</td><td>2万4600</td></tr>
<tr><td>住民税非課税（所得が一定以下）</td><td>1万5000</td></tr>
</table>

※1 収入の合計額が520万円未満（1人世帯の場合は383万円未満）の場合も含む。
※2 旧ただし書所得の合計額が210万円以下の場合も含む。
※3 平成26年4月1日までに70歳に達している者は1割。
※4 1年間のうち一般区分又は住民税非課税区分であった月の外来の自己負担額の合計額について、14.4万円の上限を設ける。

出典：厚生労働省「医療費の一部負担（自己負担）割合について」

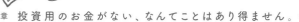

70～770万円の場合)。

会社員であれば、例えば次のような手当金もあります。

- 傷病手当金：会社員が病気やケガで欠勤した時の生活費を補う制度
- 出産手当金：会社員が出産で会社を休んだ際の生活費を補う制度

労災保険も手厚い。全額を事業者が負担してくれる

「雇用保険」と「労災保険」も簡単にですが、この機会に再度確認しておきましょう。

「雇用保険」は、失業者や就労困難者の就職を支援するもの。失業保険の他に、育児休業給付金、教育訓練給付などが挙げられます。財源は雇用者と雇用主が社会保険として負担する他、国費（税金）も投入もされています。ただし、加入条件に労働時間が含まれるので、パートなどでは加入しない場合もあるので注意してください。

「労災保険」は、勤務中に発生した病気やケガの医療費や、休業しないといけなくなった時に補ってくれるものです。通勤時の事故にも適用されます。労災保険は事業主が支払っているので、他の社会保険と違い、**保険料の全額を事業主が負担します。**ですので、個人事業主には当てはまりません。


「介護保険」とは、介護が必要になった65歳以上の高齢者や、40歳以上の特定疾患患者をサポートするためのものです。

介護保険料は、40歳になった月から徴収が開始。給料をもらっている人は、健康保険料と一緒に給料から天引きされます。40歳から64歳の方は、第2号被保険者という扱いを受けます。65歳になると自動的に第1号被保険者という扱いに変わります。

介護保険は、訪問サービスや入居型施設利用など、要介護認定のレベルに沿ったサービスを受けられます。要介護度や年金を含めた収入によって、**負担額はサービス料全体の1割～3割**と異なってきます。

年金って、老後だけもらえるものではありません

「年金保険」とは「年金」のことで、国民全員が加入する「国民年金」、会社員や公務員が加入する「厚生年金」などがあります。国民年金では、保険料の納付義務があるのは20

歳以上60歳未満の40年間（480ヶ月）と定められています。現役時代に払っておくことで、何らかの理由で働けなくなった時に受け取れるものです。

勘違いされがちですが、年金を受け取ることができるのは「老後」だけではありません。

公的年金の給付の種類は**老後にもらえる「老齢年金」だけでなく、「障害年金」「遺族年金」もあります。**

「老齢年金」とは、老後を迎えた方に給付されるもので、現在の制度では原則として65歳に達した時から給付されます。「障害年金」とは、ケガや病気が原因で障害認定を受けた方に給付されるもの。子どもがいれば、給付額は増えます。「遺族年金」は、亡くなった方の遺族に対して給付されるものです。

ただし、年金保険料の未納期間があると、もしもの時に受け取れない可能性もあるので、未納期間がある方は手続きをして一刻も早く追納しましょう。

民間の保険は、大半の人が損するようにできている

以上が簡単かもしれませんが、保険のご説明でした。想像していたよりも頼もしいと

思った方も多いはず。

でも、こんな声も聞こえてきそうです。「何かあった時に心配だから」「働けなくなった場合のために……」「入院した時にお金がもらえたほうがいいんじゃない？」「がん家系だから、がん保険くらいはないと不安」などです。

しかし、はっきりと申し上げます。結論、**「生命保険は全て解約！」。百歩譲ったとしても、「養っている子どもがいる世帯主だけ、掛け捨ての死亡保険に入るだけ」で十分。よって、単身者や子育てを卒業している人たちは、何も加入しなくていい**のです。

世代や暮らしや思考は様々だから、「ウチは違う」と思われるかもしれません。とはいえ悩むポイントは、どんな方でもほぼ一緒ですので、1つずつひも解いていきましょう。

そもそも民間の保険は「保険会社が儲かる仕組みになっていること」をお伝えしておきます。これは当たり前の話で、儲からないと会社は存続しませんし、ボランティアではないのです。言い換えると、加入者全員をかき集めた場合、加入者側は必ずマイナスになる仕組みです。

人材や店舗など施設にかかる費用を抑えたことで保険料割安という声もあるライフネット生命も「2022年度決算説明資料」にて、粗利率が2020年度は43%、2021年度は44%、2022年度は39%（コロナ禍の影響を排除すれば46%）と発表しています。おおよそ4割の粗利を稼いでいるので、例えば加入する側は1万円を保険会社に入金すると、4000円位の管理費がかかるイメージです。

ちなみに保険商品は、販売手数料などの開示がなされていないものが多いです。特定保険契約については、代理店に支払う手数料率の顧客への開示が行われているものもありますが、それ以外の保険は、ほとんどの代理店で手数料率の開示が行われていません。

よく考えてみてください。「安心できるから」といって、手数料がよくわからない保険に加入をして、万が一何かが起こった時にお金が入ってくる、こんなイメージです。そして、必要経費にしては4割ほどの管理費がかかる。そのような**ベールに包まれているようなシステムで、本当に安心を買うことができるのでしょうか？**

保険のシステムは、カジノや宝くじの構造と似ています。宝くじは、ごくわずかな当選した人にお金がわたる。保険は、大勢の人からお金を集めて、わずかな不幸が起きた時にお金を分配するシステム。つまり、「不幸が起こること」にお金をかけるイメージです。

しかもその不幸は、発生する確率が低めのもの。ですので基本的に、**大半の人が損をする仕組みになっている**のです。

保険は頼るものではなく補完するもの

我々日本人は「安心が買える」を理由に、保険に入りすぎている人があまりにも多すぎるのです。一方で保険に最低限のお金を使うことができている方は、**感情ではなく、万が一何かあった時の損害が大きいかを軸に選択しています。貯蓄だけで足りない「不測の事態」に備えて加入する**ということです。

ですから保険に何も入らないのは不安だという方は、貯蓄ではカバーできない「必要最低限」のものに加入するという選択をしましょう。例えば、自分が亡くなった時の保障が心配な方は、「最低限で期間限定の掛け捨ての死亡保険1本」にするなどです。貯蓄ではカバーできないのは、子育て中で自分が一家の大黒柱の場合です。

不安なことをすべて保険に頼ってしまうと、毎月かかる保険料の負担が大きくなり生活に支障をきたす、老後資金が用意できなくなるというように、本末転倒の結末を迎えてし

これで安心ね!!
事故でも病気でも
かかってらっしゃい!!
10000
10000
A保険
B保険
C保険

普段の生活はそれで足りるの?
後ろが崖っぷちよ…
投資資金もそうだけど老後資金は貯まるかしら…
ハッ…
A
B
C

まう恐れがあります。「保険は頼るものではなく、不足する部分を補完してもらうもの」、このような関係を築くのがベターです。

【よくある質問1】医療保険、がん保険は入らなくていいの？

ここからは、私がよく受ける保険に関する質問に、お答えしていきます。まずは医療保険と、がん保険。

ズバリ、不要です。保険のプロたちは、ほとんど加入していません。大前提として、プロたちの考えは、万が一発生したら「大きな損失になる出来事」に備えて加入します。前項目でお伝えした公的保障でカバーされていなかったり、生活がしていけなかったりする状況に陥らないために、民間の保険を利用します。

よくある医療保険は、通院には使えず病気やケガでの「入院」に備えるものです。「入院時に1日1万円、手術時に1回につき10万円」などが保障内容となっています。実際の入院給付金の平均は、1件当たり約9万9400円、手術給付金は約9万8200円ほどでした（一般社団法人生命保険協会「保険金・年金・給付金明細表（全42社合計）2020年4月1日～2021年3月末日」より）。

これらの金額を病気やケガで給付されると、何だかお得な気持ちになります。精神的にもマイっていることも多いですから。

とはいえ、起こるか起こらないかわからない未知のことに対して支払われるもの。そのために、毎月数千円、1年間で数万円、それを何十年と支払い続けるわけです。その結果、10万円程度が給付されるだけ。効率悪くないでしょうか？　これが、数百万円支給されるのであれば、また話は変わってくるでしょうが。

さらにいうと、**万が一に備えるにしても、1回で10万円支払うのが無理という方は、実際はそんなにいない**と思うのです。

それでは、**がん保険は？　結論、これも不要です。**「ウチはがん家系だから、入ったほうがよさそうなんだけど」は、本当によく耳にします。

日本人が一生のうちにがんと診断される確率は、男性65・5％、女性51・2％なので、2人に1人ががんになる時代です（国立がん研究センターがん情報サービス「最新がん統計」（2019年データに基づく）より）。

そこで、今度はこんな質問が出てくるでしょう。「1／2の確率だったら、なおさら加入したほうがいいんじゃないの？」。

よく考えてください。今までお伝えしてきた保険に加入する条件として、「めったに起らなくても、起きたら大損失になるもの」。そもそも、**がんではこの条件や基準には該当することはなかなか起きない**のです。

実際にかかる金額を見ていきましょう。治療に大金がかかることで知られている血液のがん「白血病」ですが、入院による費用は約300万円という調査結果もあります。もちろん、治療によって治療費は変わってくるのですが、それでも高額療養費制度を考慮すると自己負担はせいぜい数十万円におさまります。細かい計算は様々ありますが、合計でかかる金額の3割程度を目安として考えておけばよいでしょう。

日本人の平均的な収入である「年収約370万～約770万円の場合」でも、図12（p85）の計算式に当てはめると、医療費が300万円もかかった場合でも、医療費上限額は10万7430円で済みます。

罹患《りかん》するか否かわからない、加えてこの金額のために、毎月保険料を支払って準備しますか？

保険に加入を検討するポイントとしては繰り返しになりますが、「自己資金ではどうにも賄《まかな》えないくらいの大金」が必要になることです。保険会社側の立場で考えても、2人に1人など発生率が高い事象に備えるにはお金を集めないといけないのです。

つまりは保険会社は、安い保険料で大きな保障をつけるのは無理難題になってくる。こんなからくりです。がんは他人事ではありませんが、感情に揺さぶられることなく、冷静に保険に加入する目的を見極めて考えて頂きたいものです。

【よくある質問2】先進医療特約は？

不要です。なぜなら先進医療は実際に、なかなか受けることができないから。

そもそも先進医療とは、どんな医療なのかご存知でしょうか。厚生労働省が認めた高度な医療技術のことです。特定の大学病院などで研究・開発された難病などの新しい治療や手術は、ある程度実績を積んで確立されると、厚生労働省に「先進医療」として認められるのです。つまり、「保険適用になる場合とならない場合があり、ある一定の有用性や安全性は認められている試験段階の医療」なのです。

しかし先進医療特約はハードルが高く、そのような画期的な医療を受けることが難しいといわれています。その証拠に、令和2年7月1日～令和3年6月30日実績で先進医療を受けられた方は5843人しかいません（出典：厚生労働省先進医療：令和3年6月30日時点で実施されていた先進医療の実績報告について）。1億2千万人の日本の総人口を考えると、割合として非常に低いのです。

理由としては、2つあります。1つ目は、**先進医療が受けられる医療機関がだいぶ絞られる**こと。「重粒子線治療」や「陽子線治療」をはじめ、特殊な設備や専門かつ高度な技術を持った医療従事者を必要とする先進医療技術では、実施医療機関がだいぶ限られてしまいます。例えば、重粒子線治療の場合は全国で7施設しかありません（厚生労働省「先進医療を実施している医療機関の一覧　令和6年2月1日現在」）。

2つ目は、**対象患者さんの条件が厳しい**こと。医療技術ごとに対象となる症状などが、あらかじめ決まっているので、該当しなければ対象となりません。

このような理由を考えると、ハードルが高く対象になる可能性が低い保障を、お金を払ってでもあえてつける必要性はあるのでしょうか。ただ、月々数百円程度の保険料なのでそこまで負担にならないかもしれませんが、医療保険やがん保険に付加するものなので、先進医療のためにわざわざ医療保険などに入るのはやりすぎな気がします。

【よくある質問3】働けなくなった時のための就業不能保険は？

病気などで働けなくなると、「収入が減るかもしれない……」という不安は誰もが抱えそうです。でも結論から申し上げると、これも不要。

特に会社員や公務員の方は、いっそう要らないです。なぜなら「全国健康保険協会（協会けんぽ）」や「共済組合」には、傷病手当があるからです。傷病手当とは、病気やケガで連続する3日間含め4日以上働けなくなった場合に給付されるものです。最長1年半、標準報酬月額が基準となり、それまでの収入の3分の2に相当する金額です。例えば、月給が30万円の場合、20万円分の傷病手当金を受け取ることになります。

そもそも、**民間の就業不能保険の給付金を受けるのは、条件がかなり厳しい**のです。

支払い対象外期間があらかじめ定められているものもあります。つまりこの間は、就業不能になっても給付されませんし、受給できるのはあくまで対象外期間を経過してからです。とはいっても最近は、病気などであれば医療が進んでいるので、早期に回復しているケースが多い傾向にあります。

また、精神疾患などは長期間就業不能になるケースはありますが、対象外になってしまうことが多いのです。医師の指示に基づいて入院ないし在宅療養している状態が、2ヶ月以上や半年以上継続してはじめて対象になるなど、条件がかなり限定されていることもあります。

一方で、**傷病手当は精神疾患もカバーしています。わざわざ民間の就業不能保険に入らなくても、よっぽどこちらのほうが使えるものになります。**

心身に障害が残る場合は「障害年金」制度もあります。傷病手当金は「仕事に行けない」場合に期間限定で保障する制度ですが、心身に障害が残る場合には「障害年金」の受給対象になる場合もあります。

こちらは健康保険からではなく、障害年金の制度です。長く働けなくなる場合や、障害が残る可能性があるときに利用できる制度になります。**公的年金に加入しているすべての人が対象**です。また、**傷病手当金のように期間限定ではなく、症状の程度が変わらない限り受給し続けることができます。**

ただし、障害年金による給付額はそこまで期待できないことは、ご理解ください。仮に常時介護を必要とする障害等級1級に認定されても、国民全員が対象となる障害基礎年金の額は1年分で97万2250円（令和4年4月からの金額、子の加算額を除く）です。会社員や公務員の場合は、加入実績によって金額に差が出る障害厚生年金や障害共済年金が、どの程度上乗せされるかにもよりますが。

【よくある質問4】自営業でも就業不能保険は不要？

基本は不要ですが、「条件により異なる」が答えになります。自営業は「障害年金」は対象ですが、「傷病手当」はありません。ですので、「病気やケガで長期間働けなくなった時、どうしようと心配になる」というご質問も頂きます。

条件によると述べた理由をお話していきます。まず、原点に戻って考えていきましょう。予期せぬことが起こった時、必要な金額を自分でカバーすることが難しい時に備えるのが保険ですよね。働けなくなる期間があったとしても、その期間の生活費を現金で補えるくらい保有している場合は不要ということになります。

でも、「働けなくなる期間がわからない……」という声が聞こえてきそうですので、こちらにも回答していきましょう。

参考までにですが、「傷病手当」の給付期間をみていきましょう。全国健康保険協会の現金給付受給者状況調査（令和4年度）によると、平均支給期間は83・96日（約3ヶ月）となっています。支給期間別の件数の割合は30日以下が64・07％と最も高く、31～60日が6・5％、61～90日が4・72％となっており、期間が長くなるにつれて割合がかなり低下する傾向になっています。支給期間が541日を超えるのは、わずか1・56％でした。つまり、このデータからは、**6割以上は1ヶ月以下、541日（約1年半）を超えるのはごく稀**ということがおわかりいただけるでしょう。

この数字を参考に、月に20万円の生活費がかかる家庭を例に考えてみましょう。90日働けなくる場合は、20万円×3ヶ月＝60万円。1年半働けなくなる場合は、20万×18ヶ月＝360万円。大きな額のように思えますが、**このくらいの金額を自分たちの預貯金などのお金でなんとかなるというのであれば、「不要」**という考え方です。

傷病別で見ると、精神及び行動の障害（214・55日）、神経系の疾患（201・3日）、循環器系の疾患（198・5日）、が長い結果となっておりました。**精神疾患系は、就業不能保険の対象外となる保険商品もあるので、なおさら「加入は不要」**という判断になります（※参考：令和4年度　全国健康保険協会管掌健康保険　現金給付受給者状況調査報告）。

それでも、配偶者は専業主婦（夫）だし、小さな子どもも抱えているなどの環境で「やっぱり自営業だから心配だ」という方は、検討されてもよいと思います。

ポイントとしては、「①対象疾患の確認をする」「②受給期間が短くても構わず、安心を買う行為をしているのは承知の上」という点を踏まえて加入するということです。

【よくある質問5】老後の医療費がかかりそうだけど大丈夫？

あまり考えたくないですが、老後は病院通いのイメージがありませんか？　しかしこちらも、過度な心配は不要です。なぜなら日本には、最強の社会保障制度が整っているから。とはいっても一体、どのくらい老後医療費が必要になってくるのか見ていきましょう。

厚生労働省の「令和２（２０２０）年度 国民医療費の概況」によると、生涯医療費（1人の人が生涯で必要となる平均医療費の推計、令和2年度、男女別）は２７００万円で、そのうちの６割（約１６００万円）は65歳以上です。この金額を聞いて驚かれたかもしれませんが、安心してください。すべてが自己負担ではありません。実際にかかる自己負担額を一緒に見ていきましょう（ｐ１０４の図13）。

図13の解説をしましょう。病気やケガで受診した際に、病院で健康保険証を提示します。すると医療費全額ではなく、年齢や状況によってバラツキはありますが1～3割（原則）の負担だけで済みます。つまり、こちらの自己負担額しか払う必要はありません。65歳～

69歳で年間8・7万円、月に7250円。75歳〜79歳で年間6・9万円、月に5750円。80歳〜84歳で年間7・8万円、月に6500円。つまり、**自己負担でかかる老後の医療費は月に7000円程度**と考えてもよい判断になるでしょう。

この金額を聞いて、拍子抜けされる方も多いのではないでしょうか。日本の医療保険制度がいかに強力であることがおわかりいただけたかと思います。

老後の悩みとして医療費の次に浮上してくるのが、介護費かもしれません。しかし**日本には「高額介護合算療養費制度」があります。**医療保険と介護保険における1年

図13　1年間の1人当たりの年齢別医療費・自己負担額・保険料

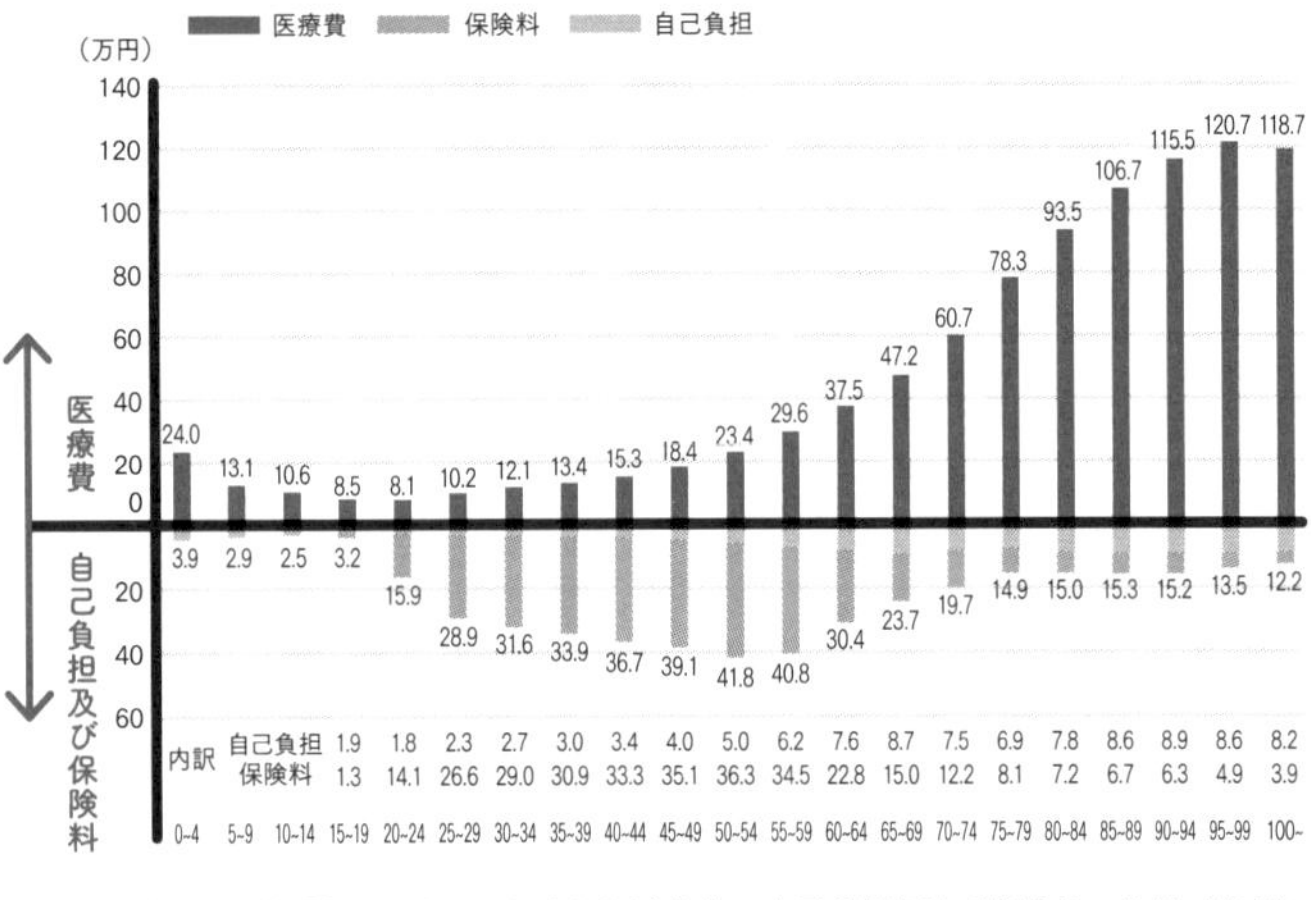

出典：厚生労働省「年齢階級別1人当たり医療費、自己負担額及び保険料の比較（年額）（令和元年度実績に基づく推計値）」

間（毎年8月1日～翌年7月31日）の自己負担の合算額が高額な場合に、自己負担を軽減する制度です。**過度な不安や心配は不要である**と判断していいでしょう。

これは例外。ぜひ残したい保険とは？

冒頭でいきなり、「民間の保険は不要」だとお伝えしました。基本はそうなのですが、例外もあります。そこで……、

【残すべき保険はこれ！】
①掛け捨ての収入保障保険（一家の大黒柱で養う子どもがいる世帯主）
②火災保険（地震保険）と団体信用生命保険（団信）
③自動車保険（対人対物賠償責任保険）※車を保有している人

これらの事項に共通していることは何でしょうか？　死去も火事も地震も交通事故も「めったに起こらない」けれども、起こったときに「莫大な損失」になりうることです。これらは、**公的保障でカバーしきれないくらい大金の損失が想定される事柄**です。その時に民間の保険が、我々を守って味方になってくれます。

その他にも、**昭和や平成初期に販売されていた「貯蓄型の保険」。実はこれら、今では なかなか売っていないお宝保険**なのです。

なぜお宝かというと、「予定利率」が高いから。現在の予定利率は、1％程度（日本生命保険の、契約時に保険料をまとめて支払う円建て一時払い終身保険に、2024年1月1日以降に契約した場合）。しかしながら、昭和や平成初期の保険の予定利率は5〜6％前後の商品。これらに加入している方は、解約せずにそのまま加入し続けましょう。

第3章

老後2000万円では全く足りない問題

——月3万円のつみたて投資では追いつかない…。
投資にもっと積極的になるには？

老後は2000万円だと不足する2大理由

「老後2000万円問題」という言葉は耳にされたことがあるでしょう。しかし、です。老後はそもそも、2000万円では足りません!!

と、その前に改めて「老後2000万円問題」を、おさらいしておきましょう。これは2019年に、金融庁の報告書によって発表されたもの。高齢夫婦無職世帯の実収入は実支出と比べ、月5・5万円程度少ないという内容です。「毎月約5・5万円が30年続いたとすると約2000万円不足するよね」という計算で、この2000万円という額は割り出されています。

実は**この計算方法に、大きな落とし穴がある**のはご存知でしょうか？　それは次の2つが前提にあることです。**どちらも非現実的**だと言わざるを得ません。

①月あたりの支出が約20万円前後

②90歳になるまで夫婦ともに健康である

「①月あたりの支出が約20万円前後」から見ていきましょう。

2022年以降、日本は30年以上続いていたデフレに終わりを告げ、世界的にもインフレが進みました。そして、我々の日常を取り囲む物やサービス価格が、急激に上昇しました。

消費者物価指数というものがあるのですが、以前よりどの程度価格が変化したのかを示すものとなります。比較対象となる時期の価格を100とし、比較対象の時期よりも価格が増えればこの数値も増えます。

それで日本の消費者物価指数ですが、2022年末に41年ぶりに上昇を記録し、対前年比4%となりました。消費者物価指数は複数の商品を対象としているので、個別に見ていくと、日用品や食品に至っては10%や15%の値上げが行なわれたりしています。

今後もこのようなスピードで物価上昇が加速すると想定して、将来に備えたほうがいいでしょう。一方で老後2000万円問題では、老後の生活費を月約20万円で計算しておりますが、**インフレで5年後や10年後は2000万円以上が必要になってくると予測されているの**です。

「②90歳になるまで夫婦ともに健康である」はどうでしょうか。

内閣府「令和4年版高齢社会白書（全体版）」によると、令和元年における男性の平均寿命は男性が81・41歳／女性が87・45歳ですが、**健康寿命は男性が72・68歳／女性が75・38歳。**健康寿命とは、介護を受けずに自立した生活ができる生存期間を指します。となると、90歳になるまで夫婦ともに健康というのは、考えにくいのです。

健康寿命到来の後は、要介護となる可能性が高くなることから、ずっと健康なのに比べると、収入に対する支出はもっとかかってくる可能性が高いといえないでしょうか。

月3万円程度のつみたて投資では、不足分を補えない問題

「月3万円程度のつみたて投資で安心しているあなたは、要注意」なんて言うと、ドキッとしてしまった方もいるのではないでしょうか。もちろん何もしないよりかは、少額でも投資をスタートしているに越したことはありません。

とはいえ、残念ながら月3万円のつみたて投資では、非常に厳しい現状が待っています。

なぜなら、平均リターンを約7％だと見積もっても、**20年積立てしたところで約1500万円。2000万円ですら、未到達**に終わってしまいます。

2000万円を楽々クリアするには、もっと早くから投資すればいいですが、それには約27年かかるので、60歳の定年までの投資だとすると33歳までに始める必要があります。リターンについては期待しすぎて、あまり高く見積もらないほうがいいので、まずは多くて7％程度で計算したほうが賢明でしょう。

以前であれば、旧つみたてNISAで毎月約3・3万円という満額に近い投資をしていれば「OK！」のような風潮がありましたが、一度疑ったほうがいいです。

こちらに加えて物価上昇まで加わると、さらに足りないことがお分かりいただけるかと思います。物価上昇が2％で推移した場合、20年後には実質的なお金の価値は約7割弱まで目減りするのです。図6（p55）でも示した通り、政府が理想とするインフレ率2％で推移した場合、今の100万円は20年後には67万円程度の価値しかなくなるのです。

ただ、はじめにお伝えしたいことは、いきなり多額の現金をインフレに強い投資信託や個別株に置き換えることではありません。ゴール設定からするのが理想なので、まずは自分の老後資金の目標額を決めましょう。なぜなら目標金額や目的によって、リスク許容度が変わってくるからです。

とはいえ、人によってこの金額は変わってきますし、普段意識していないと算出方法すらわからないという方が大半だと思います。一緒に計算してみましょう。ノートとペンをご準備ください。

老後、毎月いくらあれば、生活できそうでしょうか？　今とは状況は変わるかもしれませんし、ケースバイケースで家族構成にもよりますが、生活費は多少多めに見積もると、老後は現役時代の約8割程度になるといわれています。例えば、現時点で毎月30万円支出があるようでしたら、老後は単純計算で月に24万円とします。

続いて、老後の収入です。年金がどれくらいもらえそうなのかは、主に次の2つの方法があります。

【方法その1】：「ねんきんネット」にアクセスすれば、ネット上で年金の記録が確認できます。様々な条件を設定しながら、将来受け取る年金の見込み額を試算することも可能で

特別プレゼント

読者限定オンラインセミナー

「自然にお金が貯まる仕組みづくり　＆初心者が新NISAで損しない秘訣」

この度は、お買い上げくださりありがとうございます。
本書の内容をより深く理解して、実践につなげていただくために、
無料オンラインセミナーをご用意いたしました！

- 講師：株式会社トウシナビ代表　櫻井かすみ
- 参加対象：書籍購入者
- 参加費：無料

★さらに特典として、使用スライドプレゼント付

▼お申し込みは、下記へアクセス！

https://toufua.hp.peraichi.com/

※この特典は予告なく内容を変更・終了する場合があります。
※本特典に関するお問い合わせは、株式会社トウシナビ　事務局（info@toushinabi.com）までお願いします。

す。

【方法その2】：「ねんきん定期便」を確認すること。毎年、誕生日の月に郵便で送られてくるものです。節目年齢（35歳、45歳、59歳）の方には、封書で全期間の年金記録が届きます。現在までの年金保険料の納付状況でいくら受け取れそうなのか、見込み額が記載されております。

ちなみに、厚生労働省「令和4年度厚生年金保険・国民年金事業の概況」によると、2022年の厚生年金受給者の平均年金受給額は老齢厚生年金で月額14万4982円。国民年金受給者の平均年金受給額は老齢年金（加入25年以上）で月額5万6428円でした。

平均所得のデータもあり、参考になるかもしれません。内閣府「令和3年版高齢社会白書（全体版）」によると、高齢者世帯（65歳以上の者のみで構成するか、又はこれに18歳未満の未婚の者が加わった世帯）の平均所得金額（平成30年の1年間の所得）は312・6万円となっています。

では、不足する老後資金の合計はどれくらいになりそうでしょうか。図14（P114）

図14　老後不足する資金の合計

種目	計算方法	値
月当たりの生活費	現役の方は今の月当たりの生活費を0.8倍する。老後の方はそのままで	①
生きる月数	（90－引退する年齢）×12	②
生活費	①×②	③
住宅費	ローン残債、家賃、リフォーム代などの合計	④
住宅費以外の大きな出費	車の買い替え、葬儀代などの合計	⑤
支出の合計	③＋④＋⑤	⑥
月当たりの収入	公的年金、個人年金などの合計	⑦
定期的な収入の合計	⑦×③	⑧
退職金		⑨
老後の収入	アルバイト代、起業による収入など	⑩
収入の合計	⑧＋⑨＋⑩	⑪
不足する資金の合計	⑥－⑪	⑫

の空欄に数字を入れて計算しましょう。⑫が答えとなります。実際はどうなるかわからないのであくまで目安ですが、おおよその額として計画しておくのは大事です。

いかがでしたでしょうか？　予想以上に不足している金額が多いと驚かれている方もいるでしょう。

老後２０００万円の根拠となった金融庁の「金融審議会 市場ワーキング・グループ」がまとめた報告書では、月当たりの実支出は26万３７１８円としています。２０１９年のデータなので、そこからさらに物価上昇が見込めるわけなので、支出額は上がっていることが想定できます。

さらに今までの推移を見ていても、今後年金支給額はどんどん減少していく方向です。そこで、現段階での目標金額のゴールを決めておくことが必要です。そこから逆算して資産形成をしてください。

ゴールに到達するには、預貯金のみを卒業して、日本人全員に投資が必須な時代に突入していることが、ここからもおわかりいただけることでしょう。

iDeCoは50代から始めても大いに意味あり！

少しでも年金を増やせないのか？　そう願う人も多いと思います。そこで、少しでも年金を増やす方法としては、国が認めるiDeCoの活用がやはり堅実的です。

iDeCoはご存知の方も多いと思いますが、一応、簡単にご説明しておきますね。iDeCoとは「個人型確定拠出年金」の別称で、「自分で年金を作る制度」のこと。自分で、年金代わりになるものを積立てることができます。

加入できるのは、原則20歳～65歳未満。2025年からは、70歳未満に延長される予定もあります。つまり、「現役時代に掛け金を積立てて運用し、60歳以降に通常受け取る年金に、プラスアルファしていこうね」という制度です。

iDeCoは、自分で毎月一定額の掛金を決めて、コツコツ積立てします。**掛金は5000円からスタートでき、1年に1回1000円単位で調整できるので、無理のない金額で続けられます。**

掛金の上限額は、職業によって変わります。わからない場合は、勤務先に確認してみましょう。自分で金融商品を選び、積立ててきた掛け金とその運用成果との合計を、60歳以降に私的年金として受け取れるようになっています。

積立ってことは、年齢によっては「今さら遅いのでは？」と思われることもあるかもしれません。でもご安心を。50代からスタートしてもメリットはあります。

ただし受け取り時のルールとして、10年以上の加入期間が必要です。10年未満の場合は、受け取り開始年齢が繰り下げられます。ある程度の加入期間が強制されると思うかもしれませんが、考え方によってはいやおうなしに10年は積立てるように追い込まれるので、遅いスタートでもそれなりの額まで積立てる習慣がつけられると思いませんか？

とはいえ、いつでも受け取り開始できるようにする意味でも、早めに加入して少しでも長くコツコツとお金を積立てることをお勧めします。

ここからも確定拠出年金はｉＤｅＣｏという言葉で解説していきますが、企業型ＤＣ（企業型確定拠出年金）も考え方は一緒です。

企業型ＤＣも簡単に説明しますと、企業が掛金を毎月拠出（積立）し、加入者である従業員が自ら年金資産の運用を行う制度のこと。企業によっては、企業が用意する掛金に、従業員が掛金を上乗せする「マッチング拠出」ができる所もあります。

ｉＤｅＣｏは３つの手厚い節税効果がある点が、ＮＩＳＡとの違い

よくＮＩＳＡとの違いを聞かれますが、ＮＩＳＡとの共通項は運用で得た利益が非課税になること。ただし、それよりも大きな節税効果が得られるのがｉＤｅＣｏの注目すべき点。

ｉＤｅＣｏの魅力は大きく３つあり、うち２つはＮＩＳＡにはありません。

①掛金の拠出時

ｉＤｅＣｏの掛金の全額が、所得控除の対象になります。その年の所得税と翌年の住民税の負担を減らすことができるのです。

例えば月に2万円を積立てた場合、年間の掛金24万円分がまるっと控除になります。例えば年収４００万円会社員だと、年間３万６０００円の税制優遇が受けられます。

人によって、この税制優遇額は変わってきます。目安を知りたい方は、ｉＤｅＣｏ公式サイトの「かんたん税制優遇シミュレーション」で簡単に計算できます。

②運用時

NISA同様、運用した利益が全額非課税になります。

③受け取る時に税制上の優遇が受けられる

受け取り時は、決められた額までは税金がかかりません。一時金で受け取る場合は、「退職所得控除」の対象となります。金額は加入年数によって異なりますが、加入25年の場合約1150万円までが非課税になります。

図15 iDeCoの全体的な流れ

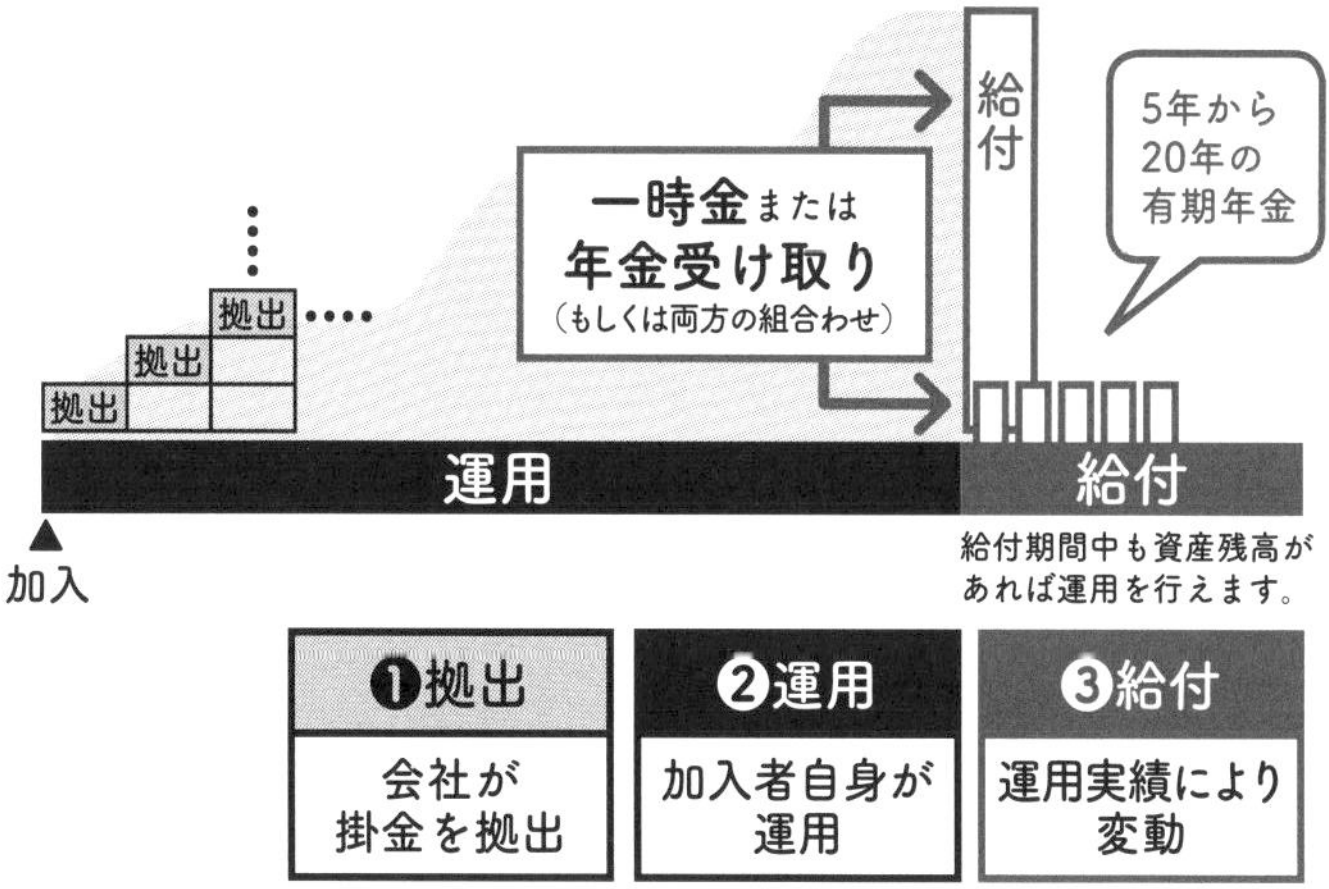

出典：野村證券「野村の確定拠出年金ねっと」

年金形式で分割で受け取る場合は、様々な条件はありますが「公的年金等控除」の対象になります。また、両方組み合わせる方法もあります（p119の図15）。

iDeCoのここだけは注意して！

税金の優遇を大きく受けられるiDeCoですが、**注意点があります。それは、「A）60歳まで引き出せないこと」と「B）手数料がずっとかかること」**。1つずつ見ていきましょう。

A）60歳まで引き出せない

60歳になる前にまとまったお金が必要になったとしても、iDeCoで積立をしたお金は原則引き出すことはできません。従って、いくら節税効果が高いからといっても、無理は禁物。

ただし、途中で変更や停止をすることは可能です。毎月の掛金を停止したい場合は、手続きした上で可能です。これを、運用指図者になる（積立を停止する）といいます。

こうした制度の特性を踏まえたうえで、限度額や条件なども自分にとって最適になるように決めていきましょう。

B）手数料がずっとかかる

iDeCoは加入時と毎月、それぞれで手数料がかかります。

加入時にかかる手数料としては、国民年金基金連合会へ支払う2829円。どの金融機関でiDeCoを使うための口座を開設しても、同じ値段です。

加入後も口座管理手数料がかかります。掛金を拠出している間は、国民年金基金連合会、事務委託金融機関、運営管理機関に対して手数料を支払わなければなりません。運営管理機関手数料は金融機関ごとに設定されています。

毎月かかる手数料として、次の3種類があります。

①国民年金基金連合会に支払う事務手数料月105円
②事務委託金融機関に支払う資産管理手数料月66円
③運営管理機関に支払う運営管理手数料

①と②は、運営管理機関に関係なく共通、③は無料の所も増えてきているので、こちら

も最初に確認することをお勧めします。積立を休止している間も、①以外は継続してかかることも覚えておきましょう。

節税の手続きは忘れずに行おう！

iDeCoの掛金は、所得控除の一種である「小規模企業共済等掛金控除」の対象になります。会社員や公務員は年末調整、自営業は確定申告で、その年に支払った掛金を申告する必要があります。

①会社員や公務員など年末調整の方

勤め先での年末調整の際に、「小規模企業共済等掛金控除」をしてもらうようにします。毎年10月以降に、国民年金基金連合会から「小規模企業共済等掛金振込証明書」の書類が郵送されてきます。年末調整の際に、「小規模企業共済等掛金控除」に確定拠出年金の年間の掛金額を記入しましょう。そして、証明書を添付して提出します。ただし、掛金を給与から天引きしている場合は、証明書の郵送などはなく勤務先で対応してくれます。

②自営業やフリーランスなど確定申告の方

確定申告書の該当欄2か所に記入をします。表と裏にそれぞれ「小規模企業共済等掛金控除」に年間の掛金額を記入します。そして、小規模企業共済等掛金払込証明書を添付して提出します。所得税の節税分は還付、もしくは納付すべき税額から差し引かれ、住民税の節税分は翌年度の住民税で安くなります。

①、②いずれにしても、手続きは忘れずに行ない、制度を有効活用していきましょう。

行政を使い倒せ！

ここまでで色々と話は聞いてみたけど、将来の年金に対する不安を抱えている方は、まだいらっしゃると思います。そんな時は、日本年金機構の年金の相談窓口を頼るのも1つの手段です。窓口だけでなく電話、対話形式により自動で24時間受付している「相談チャット総合窓口」もあります。

予約相談もあります。年金請求の手続きや、受給している年金についての相談を希望する方は、ぜひご利用ください。電話では、年金の受け取りに関する相談や、年金振込通知書や源泉徴収票、扶養親族等申告書に関する相談など、年金に関する一般的な問い合わせができます。
「相談チャット総合窓口」は、一般的な問い合わせに対し、対話形式により自動で24時間いつでも対応してもらえます。年金記録などに基づく個別の質問へは回答できませんので、名前や基礎年金番号等の個人情報は入力できないものの、一般的な年金制度の項目のものであれば、問い合わせることができます。

窓口や電話で相談するときに用意するものとしては、「基礎年金番号」や「照会番号（各種通知書等に記載のもの）」がわかるもので、あらかじめ手元に準備をしておきましょう。

詳細は、「日本年金機構」のサイトで「年金のご相談」と検索するとヒットしてきます。自分が住んでいる所を管轄する年金事務所も、ここで調べられます。

受付状況によって混雑する場合があります。年金事務所が比較的空いている日や時間帯は、次の通りで公表されていますので、ご参考までに。

● 空いている日：月の前半（1日〜10日頃）、および月の後半（17日以降）

●空いている時間帯：午前8時半から午前11時、および午後3時以降

シンプルながら効果絶大な「自動で貯める用の口座」

お金が貯まる人が、共通してやっていることがあります。それは、「先取り預金」。先取り貯金とは、毎月の収入から一定額を先に貯金する方法で、自然にお金を貯めることができます。給与が入った時点で、最初から強制的に仕分けてしまうのです。この仕組みを最初に作っておけば、何も考えずに「自然にお金が貯まる流れ」を作ることができます。

逆にお金が貯まらない人は、先取り預金をやっていないことが多いです。毎月使った余りのお金が、そのまま何となく貯金になっているケースです。今までなぜかお金が貯まらない、増えないという方や、貯金をしたいのになかなか実行できないという方は、必見です。

今までお金が貯まらないのは、実はあなたの意思が弱い、だらしない、そんな理由ではなく、仕組みを作れていなかっただけですのでご安心ください。「自然にお金が貯まる仕組み」を、今すぐ一緒に作ってしまいましょう。

重い腰をあげ、いよいよスタート！　ただ、はじめに仕分けするお金の額で、悩む人も多いのではないでしょうか。無理は禁物ですが、少なすぎても増えない。金額設定が難しいんですよね。

人それぞれで状況や背景が違うので、無理もありません。**目安は、まずは月収の20％**を目指しましょう。ただし、あくまで目安なので、実際は年齢や家族構成などから目標貯金額や現状の支出などを考慮して、自分に合った金額を設定します。

考え方の例を挙げます。最初にシンプルですが、貯まる仕組み化をする予算を「収入の20％」と考えます。月収30万円なので、約6万円」「月収40万円なので、約8万円」といったように。

その他の考え方としては、**目標から逆算する方法があります。**「年間60万円貯めたいので、理想は毎月5万円を貯金したい。しかし現状の固定費を考えると厳しいので、目安は4万円に設定する」といったように、無理なく続けられる現実的な金額を設定することが重要です。

そして、この「自然にお金が貯まる仕組み」を成功させるためには、欠かせないポイントがあります。それは、**「先取り預金専用の口座」を作る**ことです。こうやって口座を分けて管理することで、1ヶ月の中で「使う（お金用の）口座」「貯める（お金用の）口座」「増やす（お金用の）口座」という各々の口座で、額の動きを管理できます。

分ける時も、給与が入ったタイミングで無理ない金額を、**「自動」で分ける**ことをお勧めします。この「自動で分ける」が重要。我々は日頃忙しく生活を送っているので、「今月忘れていた」「時間がなくてできなかった」「面倒だな、煩わしいな〜」を取り除くために、「自動入金サービス」など活用しましょう。自動で「貯める口座」に入金されるようにするのです。

同じ名義の他行口座からでも、原則手数料無料で自動入金ができます。「自動入金サービス」は、セブン銀行、イオン銀行、ソニー銀行、住信SBIネット銀行、PayPay銀行などで利用可能です。

お金が貯まるし、投資への抵抗も減らせると、いいこと尽くめ！

先取り預金をよりわかりやすく仕組み化をするためには、銀行口座は3つに分けることを前項で推奨しました。「使う口座」「貯める口座」「増やす口座」用の各々の口座について、1つずつ解説しましょう。

●使う口座

お金を使うことを目的にする口座。食料や日用品などにかかる日々の生活費の他、電気水道などの光熱費、スマホ代、クレジットカードで使った額、ネット決済、ローン返済など口座から引き落としになるものすべての支払いをここに集約することで、お金の流れがクリアになります。

「家賃・ローン返済はA銀行、水道光熱費はB銀行、スマホ代とクレカ代はC銀行……」などとなっていると、入出金の管理もややこしくなります。そして、合計でいくら支払っているのかも見えにくくなってしまいます。

もし現段階でばらばらになっているなら、1日時間をとって面倒でも口座を1つにまとめましょう。こうすることにより、毎月の支出を視覚化できて、お金の流れがわかるからです。

●貯める口座

予備費含めた、現金で残しておくことを目的にする口座。生活防衛費、数年以内に使うことが決まっているまとまったお金（入学金や年間授業料など教育費、車の買い替え代、家電買い替え代、リフォーム費など）が含まれます。

もしもの時のための**生活防衛費の目安としては、1ヶ月でかかる生活費の6ヶ月〜1年分くらいが理想。**毎月20万円かかる家庭であれば、半年で120万円、1年で240万円です。このように最初からすぐに現金化できるお金として置いておくと、万が一何かあった時に慌てることなく、そこから切り崩してしのぐことができます。

「貯金はしておかないと不安」という人が、なかなか投資に踏み切れない傾向にもあります。貯金は大事なのですが、貯金ばかりしていてはこれまでお伝えしてきた通り、将来への備えが不十分になります。**最低限確保しておきたい額をしっかり決めて、それが達成す**

ることで安心して、残りは「増やす＝投資」に積極的に回していくようにすることをお勧めします。

●増やす口座

資産運用などで、お金を増やしていくことを目的にする口座。ご自身が保有している**ネット証券に連動しているネットバンクがお勧め**です。これから証券口座を開設される方は、SBI証券であれば住信SBIネット銀行、楽天証券であれば楽天銀行などです。お金を増やす専用の銀行口座として、キャッシュカードは持ち歩かずに、安易に引き出さない！　と心構えをしておくといいでしょう。

「目的」と「ゴール」なくして、ベストな投資方法は見つからない

投資をスタートする前にやるべきことがあります。それは「目的」と「ゴール」を決めること。**目的やゴールがなければ、自分に適した金融商品や投資方法を選択できない**からです。いつまでにいくら必要なのか？　「期間」と「金額」を具体的に決めておくことも重要になってきます（実際の投資のやり方については、第4章以降で解説します）。

陸上競技の「走る」種目にしても、短距離走なのか、中距離走なのか、長距離走なのかによって、シューズやウエア、フォーム（走る時の手や足の動かし方）が変わってくるし、走るペースやトレーニング方法も変わってきます。貯金や投資も全く同じです。

ですので最初に、いつまでに何のためにお金を増やしたいのか？　のゴール設定をすることが、投資の出発点になります。

●**短期**：1年前後で使うことが決まっているお金です。貯める口座に入れる場合は、現金ですぐに引き出せるようにしておく分の額を入れておきます。使う口座に入れる場合は、クレジットカードで使えるようにしておくこともできます。

●**中期**：5年前後で使うことが決まっている&可能性があるお金はこちらへ。それなりの額になることも多いので、自動で振り分けるという仕組み化でほったらかしにして、「貯める口座」で貯めていきます。

●**長期**：10年以上使う予定がないお金、定年後に使う老後資金はこちら。主に投資用のお金なので、「増やす口座」に回します。NISAやiDeCoなら自動で貯めていくことができます。それ以外の投資については、「貯める口座」と相談しながら、こちらの額も増加できるようにしてみてください。

最後に、まとまったお金が出ていく「ライフイベント」系の費用の目安を列挙しておきます。中・長期で貯めて使うお金の計画を立てる際に、参考になりましたら幸いです。

●**就職活動費**：平均7万5245円…2023年卒学生が6月12日時点で就職活動に使用

した金額（就職みらい研究所「就職プロセス調査」の調査結果より）

●**結婚費用**：平均415万7000円…婚約、結婚式、ハネムーンを含めて（ゼクシィ「結婚にかかる費用は？結婚資金はいくら必要？リアルな明細を分かりやすく解説します！」より）

●**出産費用**：平均48・2万円…令和4年度の全施設の出産費用の平均（厚生労働省「出産費用の見える化等について」より）

●**住宅購入費**：マンション⇩4528万円／土地付注文住宅⇩4455万円／建売住宅⇩3605万円／注文住宅⇩3572万円／中古マンション⇩3026万円／中古戸建⇩2614万円…所要資金（融資区分別・全国）（住宅金融支援機構「2021年度フラット35利用者調査」より）

●**教育費**：1439万円…小学生から社会人になるまでに必要な教育資金として、平均予想金額は1439万円（「ソニー生命調べ／大学生以下の子どもがいる20歳以上の男女1000名にアンケート」より）

第4章

これが運命の分かれ道…。「なんちゃって投資」は卒業!

――「先行逃げ切り」と「低金利」を
味方につけよ!

他の投資では見られないＮＩＳＡのうれしい話

２０２４年に新ＮＩＳＡがスタートし、以前に増して投資が注目されています。そもそもＮＩＳＡとは、どのような制度なのでしょうか。まず、制度の中身を理解しましょう。簡潔にお伝えすると、**購入した金融商品から得られる利益が「非課税」になる制度**です。

個別株や投資信託など金融商品を購入し、利益が確定したとしましょう。売却益つまりプラスになった儲けや、配当金に対して、通常ですと「２０・３１５％の税金」が掛かります。ここでは、わかりやすいように20％として考えましょう。

例えば、投資で70万円利益が出た場合、20％とすれば14万円が税金となるので、手元に残るのが56万円になります。しかし、**ＮＩＳＡを利用して得た「利益や配当」においては、「税金は取らないから、70万円すべて利益でどうぞ！」という、私たちにとってメリットが多く画期的**な制度になります（ｐ１３７の図16）。

やはりＮＩＳＡは魅力があります。それも２０２４年開始の新ＮＩＳＡは、より一層。

初心者にも使いやすく、他の制度よりも安心度が高い設計もされています。ですので、本書ではNISAの活用を推奨します。

2024年からスタートした新NISAですが、旧NISAと比べてシンプルで使いやすく進化しています（p138の図17）。進化したのは、主に次の3点。ただし、今まで旧NISAを利用していなかった方は、進化した点は気にする必要はありません。

①NISAが一本化

②年間投資上限額が最大360万円まで拡充

③非課税の期間が無期限

新NISAには、2つの枠があります。

図16　通常の投資とNISAでは、手元に残る額が違う！

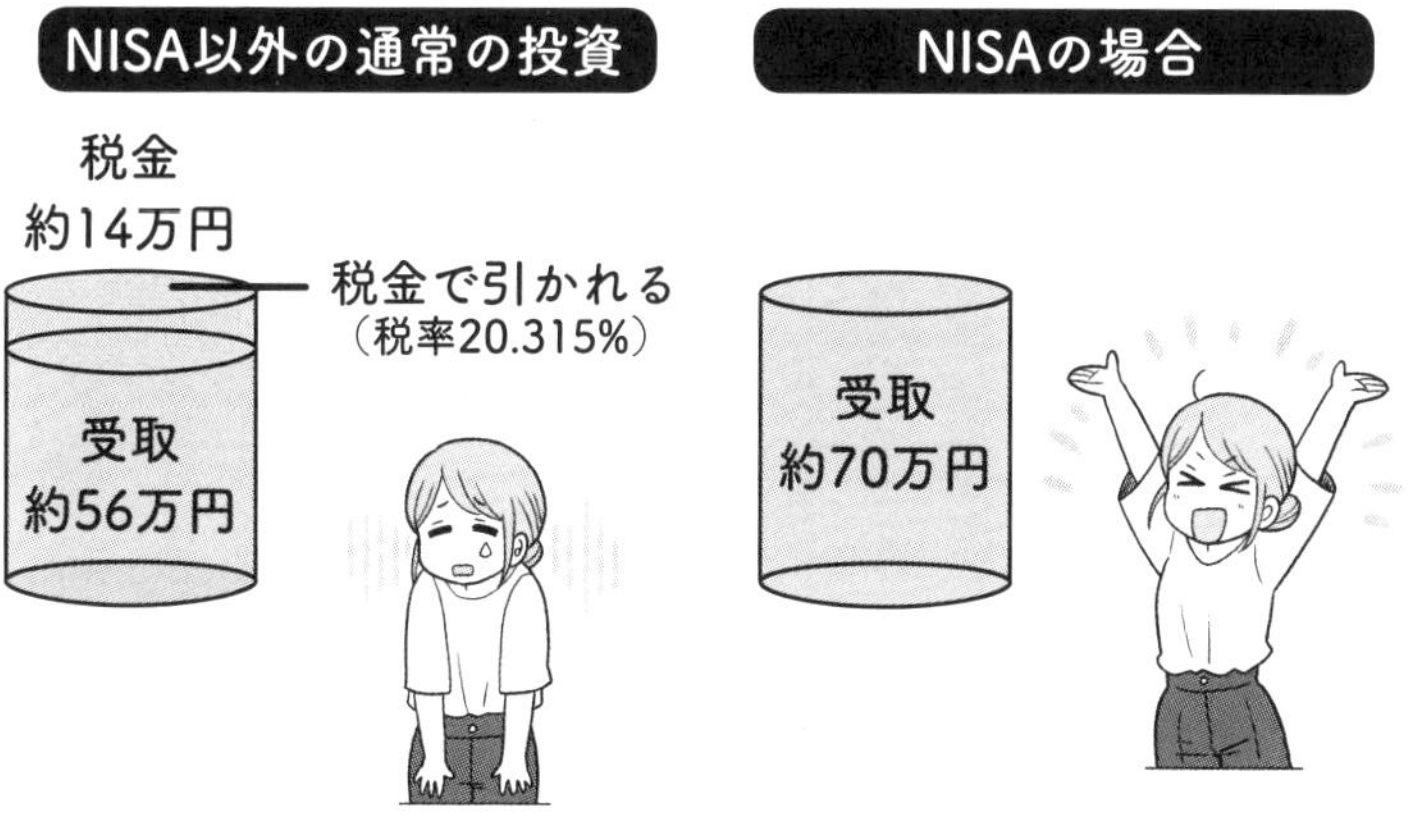

「つみたて投資枠」「成長投資枠」の2つで、併用が可能。口座開設は1人につき1つの口座、つまり1つの金融機関に限られます。2つの投資枠をそれぞれ別の金融機関にする、ということもできません。

ですので、金融機関は口座開設前にしっかりと確認しましょう。なぜなら、金融機関によってNISAで購入できる商品の種類や、最低積立投資額などが異なるからです。

とはいえ、証券会社はたくさんあって選べない……という方もいらっしゃるでしょう。金融機関を選ぶポイントとしては、手数料が安いこと。となると、ネット証券に軍配が上がります。

図17　旧NISAと新NISAの比較

<table>
<tr><td></td><td colspan="2">旧NISA</td><td colspan="2">新NISA
（2024年1月から開始）</td></tr>
<tr><td rowspan="2">種類</td><td colspan="2">どちらかしか選べない</td><td colspan="2">併用可</td></tr>
<tr><td>つみたてNISA</td><td>一般NISA</td><td>つみたて投資枠</td><td>成長投資枠</td></tr>
<tr><td>年間投資枠</td><td>40万円</td><td>120万円</td><td>120万円</td><td>240万円</td></tr>
<tr><td rowspan="2">非課税保有限度額</td><td rowspan="2">800万円</td><td rowspan="2">600万円</td><td colspan="2">1800万円</td></tr>
<tr><td>※枠の再利用が可能</td><td>1800万円のうち1200万円まで</td></tr>
<tr><td>非課税保有期間</td><td>20年間</td><td>5年間</td><td>無期限</td><td>無期限</td></tr>
</table>

しかも**ネット証券はコストが安いだけでなく、全てネットで完結したり、ポイント還元があったり、クレジットカードで積立てができたり、個別株や海外ETFの取り扱いが多いのもメリット**です。ネット証券の中でも迷われるのであれば、**SBI証券か楽天証券**をお勧めいたします。

何かあった時に対面があったほうがいい、対面とオンラインの両方が使える、セミナー開催が頻繁、キャッシュバックキャンペーンが多い、自分が特にほしい情報が充実している、など各証券会社によって個別の長所を打ち出しています。時間などに余裕があれば、一度ご確認いただくのもいいと思います。

NISAを始めよう。証券口座の開設は難しくない！

ステップ1）口座開設申し込み

いよいよ口座開設申し込みです。思い立ったらその場で、すぐに申し込みができます。

しかも作業時間は5分程度なので、肩肘を張る必要は全くありません。

今回は、SBI証券を例に進めます。詳細はサイト上にとてもわかりやすく載っていますので、それだけご覧になれば十分です。ここでは大まかな流れだけをお伝えします。その流れだけでも一度目を通せば、手続きの全体を把握できるので、よくわからないものへ立ち向かう不安も減ると思います。それと、「あ、こんなもんで済むのか」と安心もできるでしょう。

「SBI証券　口座開設の流れ」で検索して上位にある公式ページにアクセス。「口座開設にすすむ」をクリックしてください。

まずはメールアドレスを登録します。証券会社からすぐメールが届くので、クリックし氏名や住所といった個人情報を入力します。届いていない方は、迷惑メールボックスにないか確認しましょう。

ユーザーネームとログインパスワードの控えは、忘れないようにしてください。

ステップ2）本人確認書類提出

用意する身分証明書としては、マイナンバーカードが便利。ない方は、「マイナンバー通知カード＋運転免許証」など別のものでも提出できます。ネットで口座開設を選択された方は、口座開設状況画面よりログインをし、提出書類を送付します。

ステップ3）初期設定

提出書類の審査が完了しましたら、完了通知がメールか郵便か、選択した方法で届きます。すると初期設定が可能になるので、取り掛かりましょう。

初期設定が完了すると、晴れてＮＩＳＡデビュー！　完了していないと、取引開始できないので、注意してください。

以上です。

思ったよりハードルが低く感じられたと思います。万が一、不明点など出てきたら、サポートデスクに問い合わせも可能です。ネット証券でも設けられているので、ご安心ください。

今さら聞けない「つみたて投資枠」「成長投資枠」って何？

新ＮＩＳＡでは、「つみたて投資枠」と「成長投資枠」の両方を活用して資産形成することができます。この2つ、知っている方は読み飛ばしてＯＫですが、簡単に解説しますね。

◆つみたて投資枠

「つみたて投資枠」で投資ができるのは、年間120万円までです。

投資初心者は、まずはここからスタートするといいでしょう。つみたて投資枠で購入できるのは、金融庁が定める一定の条件を満たしたものです。言い換えると、国が厳選しているお墨付きの商品であるということ。具体的には、低コストで「長期・分散・積立」に適した投資信託が中心です。

購入する方法は、自分で決めたタイミングで、一定金額をコツコツ継続的に購入する積立方式のみになります。

◆成長投資枠

年間240万円までが「成長投資枠」で投資できる額。「つみたて投資枠」では購入できないものも扱っています。国内外の上場している株式やETF（上場投資信託）、REIT（不動産投資信託）、純金の投資信託など幅広く選択できます。「つみたて投資枠」と同じ商品も選択できるので、「つみたて投資」の延長としても利用できます。

一方、対象外のものもあります。個人向けの国債や米国債などの債券、公社債投資信託などです。その他、FX(外国為替証拠金取引)、純金やプラチナなど貴金属の取引、毎月分配型や運用期間の短い投資信託も不可となります。

購入する方法は、一括購入だけでなく積立購入も可能です。多種多様な投資スタイルで運用の選択の幅を広く利用できるのが、成長投資枠のメリットになります。

◆「つみたて投資枠」と「成長投資枠」を併用

「つみたて投資枠」と「成長投資枠」を併用することも可能です。1人につき年間360万円/生涯投資上限枠1800万円までが、非課税で投資できます。

「えっ、上限が決まってるの?」という方もご安心ください。なぜならば途中で売却した場合、翌年以降に生涯非課税で投資できる枠が復活するから。投資できる上限額が生涯で1800万円というだけです。保有する金融商品を売却すれば、非課税投資枠が翌年復活し、再利用できます。そのため、実質非課税で投資できる上限枠の累計は、1800万円を超える計算になります。

ただ、投資の基本はあくまで、長期・分散・積立。安易に短期で売買することなく、時間を味方にコツコツと増やしていきましょう。

NISAで扱う金融商品も実に様々。概要と特徴を、簡単に確認しておきましょう。NISAで扱わないものもありますが、比較することで扱うものの特徴がいっそう理解できると思います。

●預貯金：銀行などの金融機関にお金を預けること。普通預金や定期預金や外貨預金などがある
●生命保険：保険料を支払って、病気や事故に備えることができる
●個別株：企業の株を購入し、売却益、配当金、株主優待の利益が期待できる
●債券：定期的に利子が受け取れる。満期まで保有していると元本が戻ってくる
●不動産：アパートなど収益物件を購入し、家賃収入や売却益を得る
●投資信託：株式や債券など複数の金融商品を組み合わせたパッケージ商品。投資初心者にはお勧め。
●金《きん》（ゴールドとも）：「有事の金」として、資産を守るために購入されたりしている。現物、投資信託など投資方法は複数種ある

3つの側面に落とし込むと、金融商品の特徴が浮き彫りに

金融商品には、いろいろなものがあります。何がよいとか悪いとかではなく、特徴を理解して選択していくことが必要になってきます。

とはいってもNISAで扱うものだけでも種類も点数も膨大なため、初心者にはどう選択していいのか、なかなか判断がつかないでしょう。そこで金融商品の選び方として、日本証券業協会の見解にならい、**「収益性」「安全性」「流動性」の3つの側面から考えると、特徴を捉えやすくなります。**

- **「収益性」：どのくらい大きな収益が期待できるか**
- **「安全性」：元本や利子の支払いがどのくらい保証されているか**
- **「流動性」：必要な時にすぐに現金に交換できるか**

この3つのポイントをすべて満たしている完璧な金融商品は存在しません。特に、「安全性」と「収益性」は両立しません（p146の図18）。

図18　金融商品ごとの「収益性」「安全性」「流動性」

種類	概要	収益性	安全性	流動性
預金	銀行にお金を預ける 普通預金や定期預金などがある	△	◎	◎
生命保険	ケガや病気、死亡時にお金がもらえる	△	◎	△
株式	企業が発行する株式に投資 値上がり益や配当がもらえる	◎	△	○
債券	国や自治体、企業などにお金を貸すことで利益がもらえ、満期にお金が戻る	△	◎	○
不動産	アパートやマンションなどの不動産を購入し、家賃収入や売却益を得る	○	○	△
投資信託	金融機関が投資家から集めたお金をプロが様々な資産に投資	○	○	○
ゴールド（金）	ゴールド（金）の現物に投資する。積立投資もできる	△	◎	○
FX	通貨を売却して、為替レートの値動きで利益を狙う	◎	△	○
暗号資産（仮想通貨）	ビットコインなど、ネット上の資産を売却して利益を狙う	◎	△	○

※◎○△の評価はおおよその相対的な目安。投資する商品や方法によっても変わる

『1日1分読むだけで身につくお金大全100』頼藤太希、高山一恵／自由国民社）をもとに作成

例えば、銀行預金を考えてみましょう。特徴として、1000万円とその利息までは元本保証で安全性は高いものです。しかしながら、預けてもお金はほぼ増えないので収益性は低くなります。逆に個別株は、値上がりに期待できることから収益性は高いのですが、会社の業績が傾いたり倒産したりで大損する可能性もあるため、安全性は低いのです。

ですので、それぞれの金融商品の特徴を理解して、選ぶなり組み合わせるなりをしていきましょう。1つの考え方として、2~3年以内に必要な子どもの教育費づくりなら、大きく元本割れする可能性があるものを避けたほうが賢明です。逆に20~30年後の老後の年金づくりであれば、短期だと安全性が下がっても、長期で運用することで安全性の確率を上げることができる投資信託などの金融商品を選ぶ、こんな考え方です。

毎月3万円つみたて投資をしている人こそ、要注意!!

「毎月3万円のつみたて投資をしているから大丈夫！周りにも、同じことしてる人がたくさんいるし」。そう思っているあなたは要注意。その状況は、まさに**「なんちゃって投資」**です。厳しい言い方になりますが、**思考停止状態に陥っている可能性が高い**のです。

銀行口座に、当面使う予定がないお金が残っている状態。つまり、本当は毎月3万円以上、投資できる資金の余裕がある状態にあったら、まさに該当します。なんだか怖くて思い切って投資できないという状態に陥っています。

このようなタイプに該当する人、私の周りやお客様にも、たくさんいらっしゃいます。新NISAで非課税の投資上限枠が1800万円もあるのに、その枠の使い方が分からない……なんて、機会損失になる可能性があり、大変もったいないです。

2023年までの**旧つみたてNISA**が、年間上限額が40万円であったことから、月当たりの満額が33333円。**このままでNISAで運用を続けている人がとても多い**のです。

実際は月に3万円ぴったりで運用している人も多いので、わかりやすく3万円だとすると、毎月3万円を年利7％で20年運用すると将来の運用資産額は約1523万円。一方で銀行の口座に毎月3万円を貯金して寝かしておくだけだと約720万円なので（利息は入れてませんが、銀行の利息は限りなくゼロに近いので、この額だと計上）、何もしないのと比べると2倍近く増えていて安心してしまいがちですが、実はここが大きな落とし穴です。約1523万円って、私が前項で「これでも老後資金としては足りない！」と申し上げた2000万円すら届いていません。

ですが、ご安心ください。今から未来を変えていく対策をお伝えします。結論からお伝えすると、新NISA開始後となった今、**意識すべきこととしては、非課税投資枠の上限1800万円／年間360万円の枠をいかに埋めていくかがポイント**です。それも、なるべく早いに越したことはありません。

「年間360万円だとしたら、毎月30万円？　そんな多額を投資できる余裕なんてありません！」という声が聞こえてきそうなので、最初に補足します。「貯金を一気にすべて使いましょう」などと言っているわけではありません。「年間360万円の枠を無理に使い切らなくていいのは当然。でも、もっと投資できるのにしないで貯金で眠らせておくのは、あまりにももったいない」ということです。

もっと投資にお金を回したいのはなぜなのか。その理由をさらに詳しく、これからご説明します。

全く同じ投資額でも、先行逃げ切り型だと倍近く増える！

新ＮＩＳＡでは、非課税投資上限額１８００万円をいかにして早く埋めるかがポイントになってくるとお伝えしました。もちろん無理は厳禁ですが、この枠を最短の５年で埋める人と、30年かかって埋める人とでは、合計の投資金額は同じ１８００万円でも、リターンが大きく変わってくるのです。

仮に年利７％だとすると、次のようになります。１８００万円の枠を、【Ａ】は30年かけて埋めた人の結果、【Ｅ】が５年で埋めた後に放置した人です。

【Ａ】月５万＝年間60万円×30年間 ➡約６１００万円（30年後の合計額。以下同）

【Ｂ】月７・５万＝年間90万円×20年間　その後10年間放置 ➡約７６８５・６万円

【Ｃ】月10万＝年間１２０万円×15年間　その後15年間放置 ➡約８７４５・１万円

【Ｄ】月15万＝年間１８０万円×10年間　その後20年間放置 ➡約１億４６・８万円

【Ｅ】月30万＝年間３６０万円×５年間　その後25年間放置 ➡約１億１６５７万円

※金融庁「資産運用シミュレーション」と野村證券「マネーシミュレーター」「みらい電卓」～運用編」を併用して計算

投資金額は計1800万円で全く同じにもかかわらず、30年後には倍近く、額では約6000万円もの差が開いてしまったのです。

だからといって、「預貯金はガンガン切り崩して投資に回そう」とか「体が壊れるまで働いて収入を増やしましょう」と推奨しているわけではありません。新NISAが最初から大金を突っ込める富裕層にメリットがある、という話をしたいわけでもありません。大前提として、非課税投資上限額が大幅に上がったからといって、無理をする必要はありません。

しかし、決して煽《あお》るわけではありませんが、当面使う予定がなく銀行に眠っている現金がある人は、知らず知らずのうちにこのような差を生むことにつながりますので、早めの運用をお勧めいたします。でないと、30年後までいかずとも、10年後くらいの期間でも、**後で「早くもっと投資するんだった……」と後悔する**気がしてならないのです。

「今は投資信託でも勢いのある商品が多かったりするかもしれないけど、これからも続くの？」と思う人のために、年利2％だとどうでしょう。

【F】月5万＝年間60万円×30年間　➡約２４６４万円
【G】月30万＝年間３６０万円×5年間　その後25年間放置　➡約３１０３万円

先ほどまでの差はありませんが、６３９万円の差が存在はしています。

とはいえ、人気の米国系金融商品の株価指数であるＳ＆Ｐ５００は、１９５７年に導入されてから、年平均で約10・7％の年利。２０１３年〜２０２３年の10年間だけ見ると、年利12・6％。ですから、年利7％というのは、そんな希望的観測のような数値ではないと思います。

今、「株価指数」という専門用語が出てきました。株価指数とは「株式市場全体の値動きをあらわす指標。複数銘柄の株価を、一定の計算式で総合的に数値化したもの」と定義されています。

難しくて抽象的なため、よくわからなかったかもしれませんので、Ｓ＆Ｐ５００を例にして説明します。ただし、ざっくりいえばこのようなもの、というレベルにとどめます。

というのも本書は、金融の教科書的説明を細かくするものではなく、超初心者でも実際にどんなことを考えて、何をしたらいいのかをお伝えするのが目的になっているので、「平たく言えばこういったもの」というイメージでまずは理解していただければと思うからです。よって細部の厳密な説明は割愛させてください。

さて、S&P500とは、「ニューヨーク証券取引所やNASDAQに上場している、米国で時価総額の大きい主要500社で構成する時価総額加重平均型の株価指数」となります。これをざっくりと言い換えると、米国の優良企業約500社で構成された株価のようなものになると思います。この500社は調子のいい企業の株を優先的に組み込むので、時代ごとに変わります。2024年3月8日時点ですと、上位から順にマイクロソフト、アップル、エヌビディア、アマゾン、メタとなっており、巨大ハイテク企業が約20%を占めています。

いずれにしても、投資初心者にも人気のS&P500の投資信託は、これくらいの年利で上昇してきたと思って差し支えありません。

次に出てくるので先に説明すると「日経平均株価」とは、大まかにとらえれば、S&P

５００の日本企業版だとイメージすればよろしいかと思います。日経平均株価をしっかり説明すれば、「日本経済新聞社が東証プライムに上場する企業の中から、バランスよく選んだ日本を代表する２２５社の平均株価」となります。

結局のところ米国が最強。それはなぜ?

株をまだ始めていない人も耳にすることが多い、米国系の金融商品。実際に圧倒的に力強い経済成長、異次元の成長力、移民を受け入れ人口増加などが米国の魅力です。このような成長力の高さが、株価を牽引しているとも言われています。米国の代表的な指数Ｓ＆Ｐ５００ですが、一貫して上昇トレンドを描いてきました。

一方で、我々日本の日経平均株価は残念ながら、そこまでの上昇はありません（ｐ１５５の図19）。「２０２４年２月に史上最高値をつけた」というニュースはありましたが、Ｓ＆Ｐ５００と比べるとどうしても見劣りしてしまいます。

これは何を示しているのかというと、経済成長が停滞し給与が上がらない国になってしまっているということ。日本が世界から「失われた30年を送っている」と言われている理由が、ここにあるというわけです。

しかしながら、私たちは金融商品をせっかく買うのであれば、「上がりそうな国のものに投資したい！」と思うのが通常ではないでしょうか。ほとんどの方が、首を縦にふることでしょう。

では、そもそも株価はどのように決まるのでしょうか。株価を決める最も重要な要素と考えられているのが、「企業の業績」です。より多くの利益を稼ぎ出す企業は、投資家の人気が集まりやすく、株価が上昇する可能性は高いといえます。反対に、成長性に乏しく利益をほとんど出していない企業の株を買う投資家は少ないため、株価

図19　日経平均株価とS&P500の成長度合い

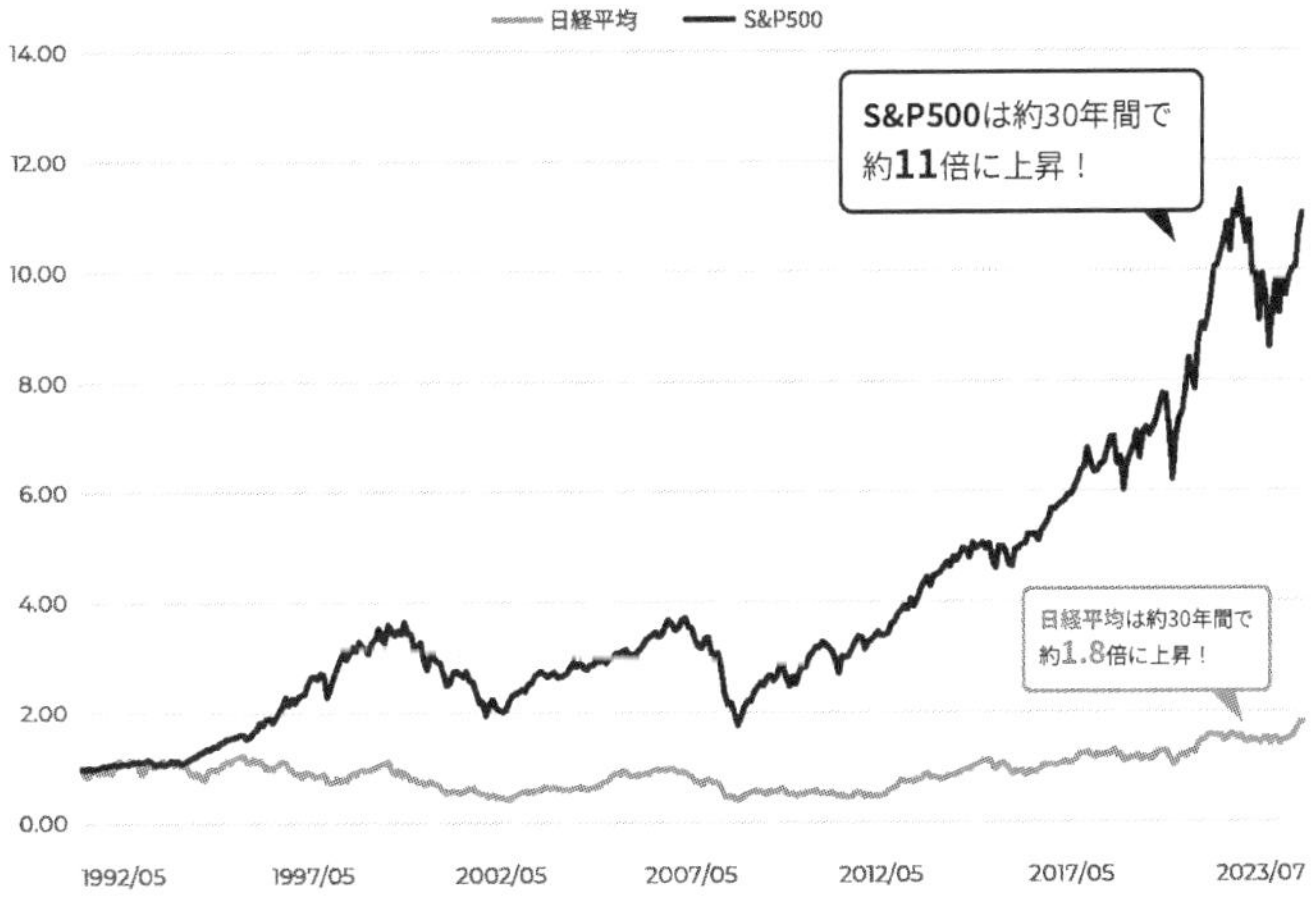

※出所：Bloombergのデータを基にSBI証券作成。1992/5/29の日経平均株価とS&P500指数を1とした場合のパフォーマンス（現地通貨ベース、期間：1992/5/29～2023/7/31）

出典：SBI証券「なぜ人気？　米国株の魅力」

は低迷する場合が多いといえます。

そこで、世界企業の時価総額ランキングを見てみましょう。「時価総額」とは、企業の価値や規模を評価する際の指標となるものです。大きければ大きいほど、企業の規模や価値が高いということになります。早速、ランキングを見てみると、**世界企業の時価総額TOP10のうち、9社がアメリカ企業がランクイン**しています。

一方で、日本はどうなのか？ 最高で27位にトヨタがランクイン、TOP50においてもトヨタ1社のみがランクインという結果です。

しかし過去には、日本企業が総なめしていた時代もありました。1989年はトップ10に7社も日本企業がランクインしていたのです。しかしながら30年の時を経て、このような状況に移り変わりました。

米国株は20年以上持ち続ければ損失はなし！

ジェレミー・シーゲル氏の著著『Stocks for the Long Run（邦題「株式投資：長期投

資で成功するための完全ガイド」）』によると、米国株は20年間保有すれば実質ベースで損失が出たことがないそうです。ちなみに同書は『ワシントン・ポスト』で歴代投資関連書籍のベスト10として取り上げられた名著。

もちろん株なので、よい時もあれば悪い時もあります。コロナショック時に30％以上、リーマンショック時に50％以上も下落することがありました。50％下落となると、1000万円が500万円、1億円なら5000万円になってしまうということ。ここだけ切り取ると、大きなダメージに思えるかもしれません。

しかし20年というスパンで見ると、株式相場が悪い年代であっても、最終的にはプラスになり利益が出ますよということです。

それでは、過去の歴史から米国株が年間にプラスになる確率はどのくらいでしょうか。1928年～2023年までで、年間プラスになる確率は約60％でした。

一方で30％以上の暴落は、2000年に入ってからは3回ありました。世界恐慌時の1929年は、マイナス86％という下落を記録しました。しかし1938年からは約30年間も30％以上の下落がなく、とてつもなく好調なマーケットであったことがわかります。上昇率も30年で10倍になっています。

もし、あなたが下落相場の状態に陥ったとしても怖がる必要はないでしょう。過去はこのように上がったり下がったり停滞しながらも、右肩上がりに成長を成し遂げてきたからです。

米国株は年間で連続してマイナスになりにくい

Ｓ＆Ｐ５００の過去を分析して見ると、３年のうち２年はプラスリターンになっていることが多く、**年間でプラスになる確率は約6割**です。

しかも、**年間で連続してマイナスリターンになりにくい**です。１９２９年～２０２３年のうちに連続してマイナスになったのは、戦後では１９７０年代と２０００年代の２回のみです。

このように米国のマーケットは過去の歴史から見ても、連続してマイナスになりにくく、長期で保有し続けることでプラスリターンが期待できる市場です。そんな投資先として魅力な国に、新ＮＩＳＡを利用して資産運用ができるということになります。

株式相場にも春夏秋冬のような「四季」がある

景気には波があり、よい時（好景気）、悪い時（不景気）を繰り返して成長していきます。

これが景気の循環ですが、それに影響されて相場サイクルは「金融相場」「業績相場」「逆金融相場」「逆業績相場」と循環していきます。まるで、四季の春夏秋冬のようです。各々の時期ごとに、株価が上がりやすい業種、下がりやすい業種があるのです（ｐ１６０の図20）。

この相場サイクルの特徴を理解したら、どのタイミングの時に「投資を頑張るのか」「緩めるのか」といった頑張り時がわかります。マラソンに例えると暑くなったことがわかれば、暑さに強い選手はペースを速めることで、他の選手を追い越すチャンスとなるというイメージです。

常に全力疾走なんてしてしまったら、人生１００年時代というフルマラソン以上の距離を走らないといけないような昨今では、途中で息絶えてしまうことにもなりかねません。

追い風にならないような時期には、無理して頑張らなくていいですし、勝つことが難しくなるわけです。

この景気のサイクルを把握することで、その場面に好調な業種に投資するという技も身につくようになります。我々の生活で例えると、夏は冷房をつけ半袖を着る、冬は暖房をつけてコートを着るなど、装いを変えると思います。株式市場も同様で、その場その場にマッチしたものがあるので、景気サイクルに合わせて好調な業種を投資の対象にしていくことができるのです。

以下で、各々の相場について簡単にご説明しましょう。

図20　株式市場の相場サイクル

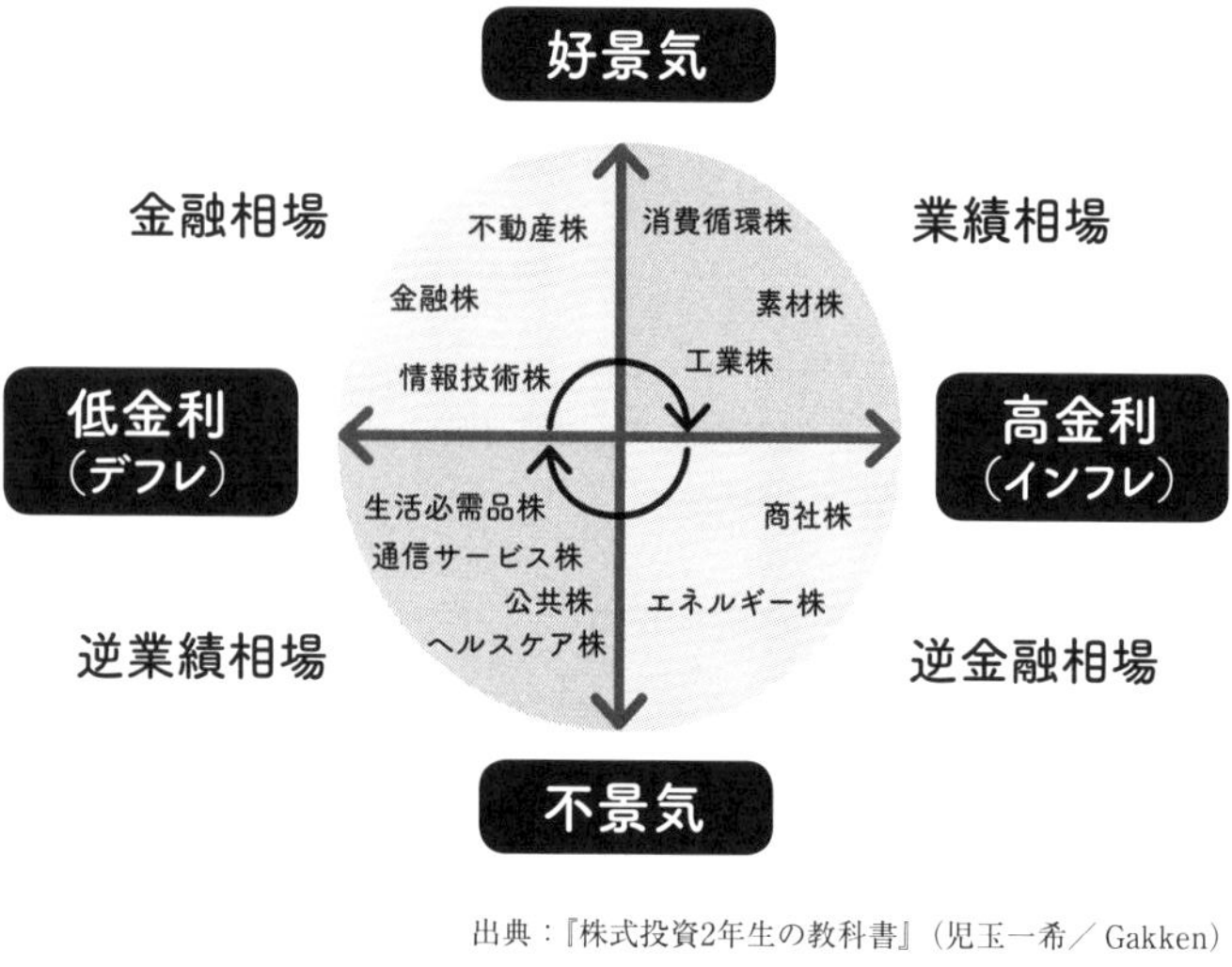

出典：『株式投資2年生の教科書』（児玉一希／Gakken）

◆回復＝金融相場

不況からの回復の状態。不況からの脱却を目指し、中央銀行（日本だと日本銀行）が政策金利を引き下げたり、金融緩和を継続したりします。政策金利とは、中央銀行が一般の銀行に貸し付ける時の金利のこと。金利とは、借り手が貸し手に、お金を返す際に上乗せして支払ってもらう金額の割合のことです。政策金利が下がれば、銀行などの金融機関は企業に貸す際の金利も下がります。

すると、株式市場への資金の流れ込みと、業績の回復期待から株価は上昇基調となります。お金の借り入れへの依存が高い傾向にあるＩＴ系、お金の貸し出しや金融商品の取引が増える金融系の株価が上がりやすくなります。

◆好況＝業績相場

消費などの経済活動が活発な状態。中央銀行が加熱を抑えるために、利上げなどによる金融引き締めを行っていくので、金利は上昇。一方で、設備投資により企業の業績はよくなります。数年間は株価の上昇は持続し、景気の拡大で本格的な株価上昇で、バブル相場となる場合も。株価上昇が見込めるのは、好景気が特に追い風となる素材、機械、小売あたりとなります。

◆後退＝逆金融相場

景気が過熱しすぎて過剰なインフレに陥る状態。中央銀行の金融引き締めや金利上昇により、経済活動が抑えられる時期。企業の業績の悪化が表面化。本格的に不景気にはなっていませんが、株価が下落し始める時期です。

物価高となるものの、物価高が業績に反映されやすい資源系の株が好まれます。

◆不況＝逆業績相場

景気が最も悪い状態。企業業績や消費が落ち込んでいる。経済活動が停滞しており、中央銀行は金利を下げたりして市場にお金を流す金融緩和を行なったりして、不況を抜け出そうとします。

するると投資や消費にお金がまわりやすくなり、景気は底打ちから回復に向かいます。優良な株がバーゲンセールになっている時期なので、余裕がある人は仕込んでおくのも1つの選択に。

景気の影響を受けにくく常に需要のある業種が好まれるため、医薬品、日用品、電気水道などインフラ系に人気が集中します。これらのような景気に影響を受けにくい業種を「ディフェンシブ」と呼びます。

金利と景気はシーソーの関係、逆に動きやすい

金利とは、お金を人に貸し借りした時に必要となる「コストの大きさを示す尺度」。**金利が及ぼす影響は、私たちの生活のみならず企業・国に至るまで広範囲にわたります。**そこで、金利と景気の関係について考えていきましょう。

結論、**「金利と景気はシーソーの関係で、逆に動きやすい」**。

なぜなら、企業は金利が低くなると金融機関からお金を借りやすくなったりするので、事業拡大においてプラスの方向に働くから。事業を拡大することによって売上や利益が増え、企業の収益が増えます。そして、経済がよくなっていくと私たち個人の消費も増えていき、景気が良くなるのです。

ですので中央銀行は、**景気を押し上げたいときは、金利を下げることで、企業や消費者**

の負担を軽くしてお金を借りやすく使いやすい状態を作ります。

逆に金利が上がるとお金が借りづらくなるため、事業を縮小したり、人件費を削減したりせざるを得なくなります。すると、**世の中にお金が回らなくなり、企業の売上や利益が減り、景気が悪くなります。**

なぜ中央銀行は金利を上げることをするのかというと、景気が過熱した場合は落ち着かせたいからです。景気の過熱をもし放置したら、過度なインフレが進んで物価が高くなりすぎることも起き得ます。すると日常生活に必要なものの支払いが、できなくなってしまうことも出てくるのです。

以上から、０・５％などの低金利と、５・０％のような高金利とでは、景気は大きく変わります。

株の大暴落は金利から読みとれる

金利には、長期金利と短期金利があります。

ここで、こんなお話をしてみましょう。明日お金を返す人と1年後にお金を返す人では、どちらがリスクが低いでしょうか。明日お金を返す人のほうが信頼できることからリスクが低いので、短期金利のほうが、通常は低いということになります。つまり債券の利回りは、期間が長くなるほど返済リスクを踏まえて金利は高くなる、こんな構造になっています。この通常の現象を**「順イールド」**と呼びます。

ですが、通常時と異なり**長期金利が短期金利を下回る**という、現象が起きることも。このように通常の債券市場の利回りの曲線が逆転する現象を**「逆イールド」**といいます（下の図21）。

図21　順イールドと逆イールド

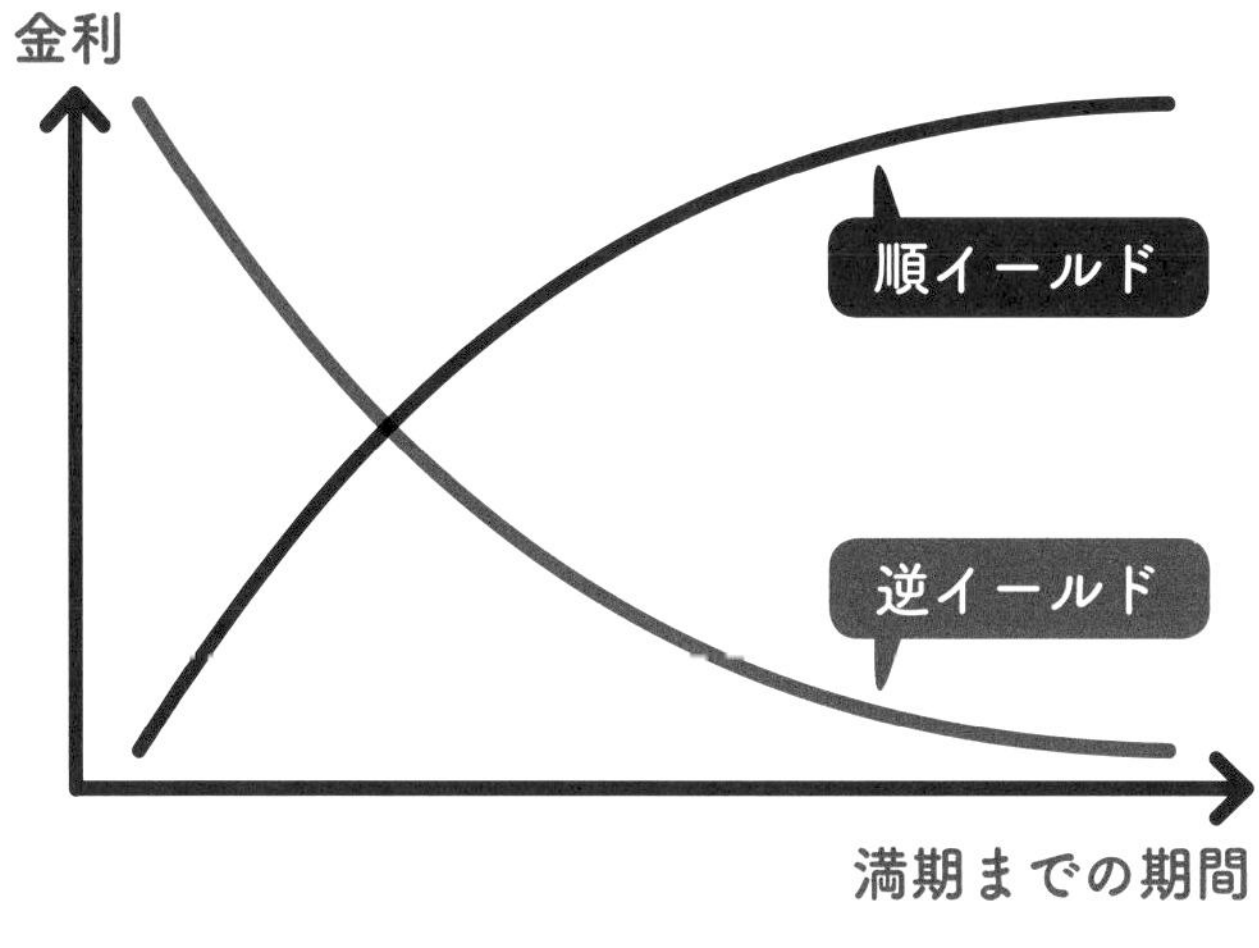

◆順イールド

長期金利が、短期金利より高い状態のことをいい、イールドカーブは右肩上がりになります。将来的に景気が上向きで、金利が上昇すると見られている状態です。

◆逆イールド

短期金利よりも長期金利の方が低い状態です。今後、金利が低下するという見方が多くなり、長期金利が先に低下することで発生します。発生後には、景気後退が訪れたり、企業の業績がマイナスになり株価は下落しやすくなるといわれています。

難しい話は省略しますが、この**逆イールドは「景気後退・株の暴落の予兆」**とされています。

では、なぜそのような現象が起こるのか。様々な要因はありますが、過度な金融不安や過激な政策変動により生じてしまうといわれています。発生後に、景気後退が訪れたケースが多いことから、「景気後退」のサインとして意識されています。

短期金利は金融当局がコントロールできますが、長期金利はコントロールできません。なぜなら長期金利は、経済情勢の影響を受けながら、市場で形成されるからです。

歴史的に見て逆イールド発生は、高い確率で「景気の転換点」となるサインであったことがわかっています。

実際に1978年以降、短期の2年債の利回りが、長期の10年債の利回りを超える逆イールドが起き、その約2年以内に、米国株（S&P500）が最高値を記録し、さらにその1年以内に景気後退の局面に突入しているケースが多いのです。

しかし逆イールドは、あくまで市場参加者が将来の金利動向について懸念を示したものです。実際、景気後退に陥るまで1～2年程度のラグがあり、すぐに景気後退そして株価暴落ということではありませんので、念頭においておきましょう。

債券という専門用語が出てきたので、簡単にご説明しますね。債券とは、国や企業などが投資家からお金を借りるために発行するもの（有価証券と呼ばれる）を指します。

債券には満期が決められています。満期を迎えると、貸した金額が投資家に払い戻されます。さらに投資家は、利子ももらえるのです。

暴落こそが最大のチャンスって本当？

結論、「暴落＝大バーゲンセールの証拠」。

「暴落というとなんだか怖いイメージがあるし、それって本当なの？」と思われたかもしれません。ただ、考え方を変えると暴落によって**株価が下がるということは、その分だけ安く資産になるものを購入できるチャンス**と捉えられます。

今でこそ、みんな大好き**米国株にも、過去には長期低迷がありました。**直近では、21世紀でのこと。米国株の主要指数のナスダックの値は、２０００年のＩＴバブル時に最高値をつけ、その後15年もの間、更新することはありませんでした。つまり、15年ほど低迷していたということです。

こちらも米国株の主要指数となりますがＳ＆Ｐ５００では、１００年に一度と言われた金融危機のリーマンショックにて、２００８年には約50％下落と、世界大恐慌に次ぐ大暴落を記録。ただし、新型コロナウイルスの影響では、株価は約30％下落したものの、わずか半年で暴落前の水準に戻り最高値を更新しています。凄まじい快進撃です。

短期的に見ると大暴落は10年に1度くらいのペースで起こっていますが、長期的に資産がプラスに増加していれば何も問題はありません。

なぜなら、株価は上がったり下がったりを繰り返していくものですし、米国に関しては長期的に見れば人口も増加し続け、世界の経済の中心として成長し続けることが過去の歴史から読み取れるからです。

今後もこのような**長期低迷や暴落は、起こると思っておくほうが賢明**でしょう。どの程度の下落か、どのくらいの期間続くのか？ いつごろ回復するのか？ 過去の歴史から、リスクの程度を予測して心構えしておくことは、とても大事です。

なぜなら、景気後退により暴落して資産が30％～50％目減りした際に、**不安や動揺することを防げる**からです。

仮にそのような光景を想像した際に、動揺してしまうのであれば、今のうちに現金の比率を上げておくのも悪くありません。このように事前に対策を講じることができます。

とはいえ先ほども申し上げた通り、むしろ暴落は買い増ししていける絶好のチャンスだと、あらかじめ心構えと準備をしておくほうを、私は勧めたい気持ちではあります。

買うより売るほうが難しい……。投資の「出口戦略」はこうしなさい

NISAやiDeCoを利用して投資を始めたのはいいものの、「出口戦略」まで意識できている方は果たしてどのくらいいるでしょうか。

投資においての出口戦略は、投資をして「資産を増やした後にどうするか？」という意味合いで使われる用語です。例えば「売却」と一口にいっても、「一気に全部売却するか」「運用を続けながら取り崩すか」があります。さらには「取り崩すにしても、どれくらいのペースでいくらずつくらいか」というように、売却の金額や期間を検討しなければならず、出口戦略は多種多様に考えられるのです。

リスクを軽減させるためにも、出口戦略について考えることが重要です。例えば、新NISAで積立する投資信託は、投資初心者でも気軽にはじめやすい一方で、**「やめる時」を間違えると運用の成果を大きく低下させてしまいます。**

ここで言う「投資をやめる」とは、新しく投資をやめて現金化することです。少しでも高い値がついている時に売却して現金化したいと思うわけですが、売却のタイミングを逃がしてしまうと、やめ時を見失う恐れが高まります。

プロでもベストな売買のタイミングを見極めるのは非常に困難なので、我々のような素人にはさらに難しいことでしょう。

だからこそ、市場の動きに振り回されない出口戦略を考えることが大切なのです。

NISAなどで積立をする投資信託の出口戦略は、大きく「一括売却」「定期売却」の2つが考えられます。

「一括売却」とは、保有している投資信託などを、一度にすべて売却するパターンです。「好きな時に売れればいい」と考えている方も多いでしょう。

しかし、現金化するタイミングで下落していた場合、思っていたような利益を受け取れない恐れがあります。ゆえに一括売却は、タイミングの選び方によって得られる額が大きく左右されます。

「定期売却」は資産運用をしつつ、保有資産を定期的に少しずつ取り崩していくパターンです。「積立投資」の逆をイメージすると、わかりやすいかもしれません。

定期売却のメリットとしては、市場の値動きで売却を考えなくてよいことや、保有している資産は引き続き運用が継続されることなどが挙げられます。

以上から**お勧めは、圧倒的に「定期売却」です。金融資産は、取り崩しながら運用を続けて増やしていきましょう。**

そこでお勧めしているのは、「定期売却サービス」。定期売却サービスは、設定した毎月の受取日に、設定した売却代金を受け取れるサービスです。

例えば定年退職した方が、積立で投資してきた投資信託を、年金の代わりに少しずつ売却して現金で受け取る。こういう形でご利用いただけます。

運用を続けながら、必要な分だけあれこれ考えずに売却できる点がメリットですので、初心者にもお勧め。どうぞ上手にご活用ください。

第5章

投資初心者こそ、ゴールド（金《きん》）を買ったほうがよい

——なぜ米国インデックスだけだと危険なのか？

ゴールドがこれからも値上がりしそうな理由

昨今、ゴールド（金《きん》）投資に注目が集まっています。その証拠に国内のゴールドの価格は、2024年に過去最高値を更新しました。1gあたり1万円を超え、**ここ25年弱で価格は9倍まで上がっています（p175の図22）**。

さらに、10年〜20年後の長期的な視点で見ると、**ゴールドの価格は今後も上昇し続ける可能性が高い**ともいわれています。

なぜゴールドは、そこまで値上がりしているのか。そして今後も成長が予測されているのか。その秘密を、ゴールドだからこそ持つ5つの特徴から探っていくことにします。

【特徴 その1】 埋蔵量に限りがある

ゴールドは世界中でその価値が通用すると同時に、有限という特性を持つ資産でもあります。既に採掘されているゴールドは19万トンほどで、まだ採掘されていない残りは5万トンほどと推測されています。

現在ゴールドは年間３０００トンベースで採掘されていますが、このままのペースで採掘されると20年未満で枯渇するという計算になります（＊参考：米国地質調査所〈USGS〉「Mineral Commodity Summaries 2023」）

【特徴その2】希少性が高い

ゴールドは埋蔵量に限りのある資源であり、将来的には需要に供給が追いつかなくなる可能性があります。そこで、既に地上にあるゴールドを再利用するしかないともいわれるほど。そうなれば、今よりも希少価値は高いものとなり、価格はますます高

図22　金の価格の推移

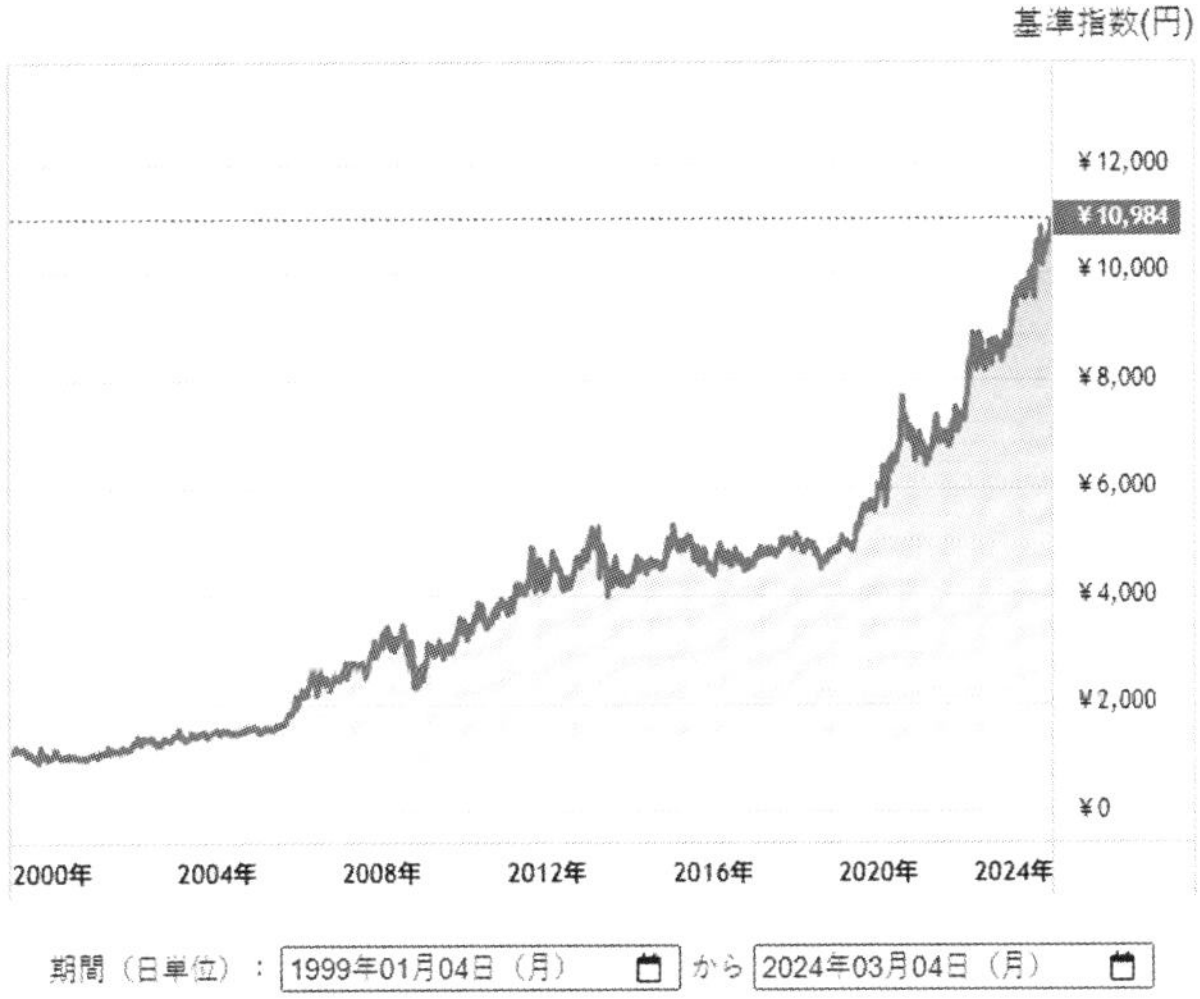

出典：「なんぼや」 https://nanboya.com/gold-kaitori/souba/

騰すると考えられます。

ゴールドは作れない、増えない、増やせない、採れないという制限があるがゆえの結果です。

【特徴その3】採掘コストが高騰する可能性大

金を採掘するために、様々なコストがかかります。採掘の人件費、エネルギー代、鉱脈の探索費などです。金の生産平均コスト（ＡＩＳＣ）は２０２３年７月～９月時点で、新型コロナウイルス流行前に比べて39％上がり、四半期ベースで過去最高になったといわれています（『日本経済新聞』〈２０２４年２月28日〉より）。

しかも資源国でインフレが深刻化していることもあるため、これらの費用が今後も大幅に高騰することが危惧されているのです。

【特徴その4】宝飾品や工業利用などのゴールド需要は、なくなる可能性が低い

ゴールドは投資や資産の対象であるだけでなく、装飾品、医療分野、産業分野など実に様々な分野で需要があります。スマホやパソコンなどの電子機器にも使われており、知ら

ず知らずのうちに我々の生活にも深くかかわっているのです。

そんなゴールドの需要がなくなる可能性は低く、地球全体の規模で見た際の人口増加や電子機器の普及が進むにつれて、価格がいっそう上昇することが予想されます。

【特徴その5】人工的に作り出すのが難しい

現在、人工的にゴールドを作ることは、理論上可能だといわれています。

とはいえ、非常に大掛かりな設備と費用を必要とします。この設備を動かすためには、莫大な費用が必要であるのに対し、できるゴールドはほんの原子数個分程度のみ。金1gを生成するだけでも必要なエネルギーは莫大なため、これではあまりにもコストに見合いません。

米国インデックスでは敵《かな》わない ゴールドの安定感と回復力

10年に1度起こると言われている「〇〇ショック（景気後退）」があると、株は売られて下落しやすくなります。

30％近くの下落くらいはコロナショックでも起きています。S＆P500をはじめとした米国インデックス投資も、例外ではありません。100万円であれば60万円まで下がり、1000万円であれば600万円、1億であれば6000万円まで減ることになります。保有している資産がどんどん下がっていく暴落の痛みに、あなたは果たして耐えることができるのか……。想像してみてください、少しゾッとしませんか？

「老後のため」「教育資金のため」と毎月コツコツ積立てていた資金が、暴落で消えてしまうことも可能性として想定しておく必要があります。そうでないと、いざ暴落の局面を迎えた時に、恐怖で居ても立ってもいられなくなるのです。

そこで、S＆P500をはじめとした米国インデックスだけだと、安心だとは言い難いでしょう。

「あなた、米国インデックスがお勧めって言ってたじゃない？　ウソだったの!?」と言われそうですが、米国インデックスがダメだとは一言も言ってません。お勧めであることは、変わりません。でも、米国インデックス〝だけ〟というのが、リスクが高いということを言いたいのです。

そこで、**「資産を積極的に増やす」だけでなく「資産を守るための対策」も一緒に考えておくことが大事で、その手段として「ゴールドを買うこと」が有力候補となる**のです。

なぜなら株などが暴落しても、ゴールドは暴落しにくい歴史があるから。もちろんゴールドも下落はしますが、株ほどのアップダウンはあまり見られなかったのです。

では実際に、**ゴールドがどれだけ安定感があったのか。**下の図23を見てみましょう。

2008年に起きた世界的経済危機「リーマンショック」の際は、S&P500は価格が回復するまでに約5年かかって

図23　S&P500とゴールドの値動き

出典：「チャート　TradingView」「チャート　TradingView（OANDA証券）」

います。また、記憶に新しい2020年の「コロナショック」では、約半年ほどで株価が回復しました。

それに対してゴールドは、リーマンショックでは約1年で以前の水準に戻り、その後急騰し2011年には2倍まで上がりました。コロナショックでは、ゴールドは約1ヶ月で価格が回復。しかも半年後には、暴落前よりも2割ほど値上がりもしました。

このようにゴールドも下落はするものの、株に比べて復活が早かった傾向がわかっております。

株との相関性が弱いのも魅力

ゴールドは「有事の金《きん》」といわれ、戦争や株暴落の際など世界情勢が混乱した際に上がる傾向にあります。

有事とは、戦争や大規模災害などを含めた非常事態が起こることを指します。近年では、新型コロナウイルスの世界的な流行や、ロシア・ウクライナ戦争などが挙げられます。

過去には、戦争による株価暴落などを恐れ、価値がゼロになる心配のない現物のゴールドへ投資する動きが加速したのです。その結果、資産を守るためにゴールドを買うという意識が広まり、「有事の金《きん》」という言葉が浸透していきました。

また、ゴールドは株とは違った価格変動をします。一般的に、ゴールドと株価は逆相関するものとしてとらえられてきました。

つまり株価が上昇すればゴールドの価格は下落し、反対にゴールドの価格が上昇すれば株価が下がるというわけです。逆相関する理由としては、世界のお金の動きが深く関連しています。

理由としては、経済が安定していて株価が好調な時には、注目は「株」に集まりがちで、ゴールドへの関心は減るということです。しかし、経済が不安定になり不景気になると、損失を防ぎたいという考えから、より安全な現物のゴールドを買い求めるようになったりします。これにより、「株が下がり、ゴールドの価格が上昇する」という関係が出来上がるのです。つまり、好景気に上昇しやすい**株式との相関が弱く、暴落時に限らず株式と違った価格変動をするのでリスク分散になります。**

将来の不安を解消するゴールド投資の具体的な方法と注意点

ゴールドへの投資の方法は、大きく5つあります。

1）現物の金《きん》、金貨
2）純金積立
3）投資信託（↑初心者にお勧め）
4）ETF（↑初心者にお勧め）
5）先物

1）現物

●特徴

1つ目は「現物」です。金《きん》のインゴットやコインを貴金属商や宝石商で購入して、自ら管理していく投資法です。実際に現物の金《きん》を手に取ると、「輝き」や「重さ」で、価値を感じやすくなるでしょう。ただし、傷付いたり盗まれたりしないように丁寧な管理が必要になってきます。

またインゴットは、購入時に購入先やグラム数によって差はありますが、手数料がかかります。例えば500g以下の小さいゴールドでも1本あたり、追加の手数料で1万5000円前後かかるお店もあります。

最近ではゴールドの人気から富裕層以外にも広まってきて、100g以下のサイズを選択する人も増えています。サイズは、5gから1kgまでの10種近くを揃えているお店もあります。まずは少量からでもよいので、実際に見てみると現物のゴールドの姿に感動することでしょう。

●注意点

保有しているだけでは、配当金や利子がつかないことです。利益が発生するのは、保有しているゴールドを売却した時だけ。

また、紛失や盗難や損傷のリスクがあり、金庫や貸金庫で管理する手間がかかります。

偽物にも注意が必要ですから、信頼のできる貴金属店、百貨店などで購入しましょう。

2）純金積立

●特徴

毎月決まった金額のゴールドを購入していく投資法です。証券会社などで口座開設することで、始められます。取引元によって違いはありますが、SBI証券では毎月1000円という小さな額から取引が可能です。

実際に現物を保有しなくても済むため、管理の手間がかからないのもメリット。ただし受取希望の際は、現物での引き出しも可能になっています。

●注意点

手数料が高めに設定されていたり、売買手数料がかかったりします。購入先によって手数料率は違いますが、毎回数%程度の支払いになります。1回の手数料コストは小さいものの、積み重ねるとそれなりの負担額になるでしょう。そのため手数料を含めて、年間の利益や利回りを計算することが大切です。

3）投資信託

●特徴

実質的にゴールドの現物に投資するのと同じ効果が期待されるのが、投資信託です。流動性が高く、相対的に低コストで少額から投資を始めることが可能です。最低金額は、月々100円からNISAの（成長）枠内で積立の利用も可能です。まずは気軽に少額から始めてみたいという方にお勧めです。

●注意点

NISA枠内で選択できる投資信託なら、非課税で運用できます。ただし保有中には、信託報酬という手数料がかかります。その信託報酬は米国インデックスに慣れた人だと、割高に感じるかもしれません。

4）ETF

●特徴

複数の金融商品をパッケージにしている印象から、投資信託との違いがわからないとよく言われるＥＴＦ。最大の違いは、投資信託は1日1回算出される基準価額でしか取引できませんが、ＥＴＦは取引所の取引時間内にリアルタイムで取引することができるところにあります。投資信託は注文を出した時点で正確な価格がわからない一方で、ＥＴＦでは自分が取引を希望する価格で発注も売買もできます。

●注意点

ＮＩＳＡ枠内で選択できるＥＴＦもあるので、非課税で運用できます。ただし投資信託と同じく、信託報酬という手数料がかかり、米国インデックスの人気の高い商品よりは高く感じるかもしれません。

5）先物

●特徴

将来の売買について、あらかじめ現時点で約束をする取引投資方法のこと。例えば、2ヶ月後にゴールドが値上がりしているだろうと予想をして、2ヶ月後に現在の価格でゴールドを買う約束をする取引をすることです。ゴールドをいつ、いくらで購入するのかを決めることができるのです。

●注意点

投資経験が浅い人にはハードルが高すぎるので、本書ではお勧めできません。先物はハイリスクハイリターンになりますので、知識や経験がないと難しいからです。

暴落時に備えて資産の一部に組み入れよう

資産を守るため、リスクを抑える分散投資に適しているのがゴールドです。なぜなら、今までご紹介してきたように、◯◯ショック（景気後退）が起こった先に、**総倒れになることを和らげることができる**からです。

ここ25年弱の期間で見ると、およそ10倍の価格になっているゴールドですが、そもそもは個別株どころか投資信託などと比べると値動きが緩やかかもしれないことから、**大きな利益を狙ったり資産を増やすメインにしたりには、適していない**でしょう。ゴールドはあくまで、資産を守るための「お守り」的な存在なのです。

ゴールドの割合的には、**資産の1割程度を組み込むことを勧めています。**金融資産が100万円であれば10万円、1000万円であれば100万円、1億円であれば1000万円。**これ以上割合を増やすことは推奨しません。**

というのは、**資産を増やすというそもそもの最優先の目的にはあまり向いていない**から。既に申し上げた通り、配当金や株主優待のようなものはなく、保有していることで利益を生み出すことが期待しにくいのです。

現物で保有している場合は、盗難や損傷の可能性があったり、金庫が必要だったりで、保管に手間や手数料などコストがかかったりしますから、たくさん所有するのも難しいでしょう。

大事なのは、万が一◯◯ショックが起こった時も、「株は暴落していても、ゴールドで利益が出ている」状況であれば、メンタルを保つためには適しているということ。このありがたみは、見逃せません。

くれぐれも短期で儲けるためではなく、長期保有であらかじめ決めた割合を守って「安心を買う」ために組み込みましょう。

大暴落はいつ起きるかわからない。いつ買う？ 今でしょ！

これまでお伝えしてきた理由から、大暴落の対策として、ゴールド投資をぜひ始めてほしいのです。

そう申し上げると「暴落が起こりそうになったら、準備すればいいや」と考えて、後回しにする方も多いかもしれません。あるいは、米国インデックスなどよりも周りでやっている人が少なかったりいなかったりで、「よく考えてからスタートしよう」となかなか動けない方もいらっしゃるでしょう。

そんな方こそ肝に銘じていただきたいのですが、**大暴落はいつ来るかわかりません。**10年後かもしれませんし、逆に1ヶ月後という可能性もゼロではありません。だからこそ、いつ遭遇しても耐えられるように準備しておく必要があります。リーマンショックも新型コロナウイルスも、そんなのが起きることを予想はしておらず、いきなり起きてびっくりした人が大半でしょう。

仮に増やすための資産のみだと、景気がよい時はみるみる資産が増えていきますが、◯

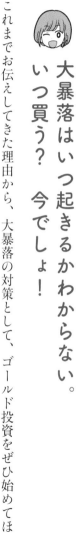

◯ショックなどの大暴落が襲ってきた時に、一気に資産を減らしてしまう危険性があります。

新NISAの枠内で購入できる投資信託やETFなどのゴールド投資においても、基本的には株式投資と同じ考えで構いません。投資の基本通りに進めていくことです。

その投資の基本とは何か？　これは前章でお伝えした**「長期」「積立」「分散」の考え方**です。そして**ルールを決めて、淡々と機械的に購入していきましょう。月ごとなりの一定の積立額をあらかじめ設定し、自動で積立しておくことをお勧めします。**

手動で購入する場合に注意することは、毎月同じペースで購入するルールを作っておくことです。今後ゴールドの価格が上がりそうなことを考えると、多めに買いたくなるかもしれません。

慣れてきたらいいかもしれませんが、プロでも予測は難しい投資の世界。毎月5000円買うと決めたら、高くなっていても安くなっていても、割高だと感じていても感情に左右されることなく毎月5000円分買っていくだけです。

高値で買ってしまって「もったいないな」と思うこともあるかもしれませんが、逆に安値で買える時もあります。そう考えると目先の価格に一喜一憂することなく、買い時を悩む必要性がなくなります。

それよりかは思い立ったが吉日で、暴落に備えて今すぐ少額からで構いませんので、ゴールドへの投資を実行することこそが懸命な判断だといえるでしょう。

なお、先ほど「できるなら、先行逃げ切り型」などと申し上げたりもしましたが、それは資産を増やす時の発想。米国インデックス投資などでの話です。ゴールドについては繰り返しになりますが、資産を増やすというよりも、資産を守ることに狙いがあるので、早いうちに、あるいは安い時にたくさん買うという発想はしなくていいのです。

おわりに

大切なお金を守るために今考えておきたいこと

最後にお伝えしたいことがあります。本書をご覧になって、「投資って思ったほど難しくなさそうなんだな」「自分でもできそう」「ちょっと面白そうかも！」「少しゴールドも買ってみようかな？」。そんなふうに思ってくれる人が増えたならば、とても嬉しいです。

こんなふうにお金の話ばかりしていると、四六時中お金のことばかり研究している人みたいに思われがちですが、決してそうではありません。

本書でもお伝えしてきましたが、私は金融知識ゼロなのに、初心者には難しいデイトレードに手を出してしまいました。そのあともロクに投資の勉強をせず、お金に振り回されてきました。そして、バツがついた自分は「失敗した人間」と思い込み、自己肯定感も低くダメダメな冴えない会社員でした。

そして、数字にも振り回された半生だったと振り返っています。2歳から通っていたスイミングスクールでの競泳のタイム、学校のテストの点数、受験の偏差値、部活動での水球の得点数、12年間の製薬会社での営業成績などです。水泳のタイムが速い人、テストの点数が高い人、水球でシュートを多く決めた人、偏差値の高い学校に入る人、会社勤めしていた時に出会った薬の売上が上位の人、このような人たちが世の中で価値がある人だと決めつけていました。逆の人は、貢献もせずにお荷物だと判断していた、かなり偏った価値観の持ち主でした。

ですので、数字がよいときは自信満々、数字が悪いと自己肯定感も爆下がり、とにかく数字という安心がほしかった。その発想がお金についても同じで、金額にしかフォーカスできていなかったのです。

そこで過去の私のように、数字に振り回されている人がもしいたら、お伝えしたいのです。

「数字が高くても低くても、自分は自分」

これを肝に銘じて、自己肯定感を下げてほしくないですし、成績やスポーツ競技の記録のために、負荷をかけすぎないでほしいのです。

お金も同じ。無理は禁物です。

とはいえ、お金があれば自分の人生の選択の幅を広げられ、自分の可能性と安心を得ることができるのは事実。

そのお金を無理なく増やせる手段こそ投資であり、その中でも初心者でも負荷を限りなく少なくしてできるのが、結局のところ新ＮＩＳＡやｉＤｅＣｏの有効活用となるのです。

預貯金だけという資産計画は、もはや卒業する時代に突入しています。「自分の人生、自分で舵をとるために、投資で人生に多くの選択を」を掲げて、私は日々活動をしています。

過去はジェットコースターのようなアップダウンの激しい人生を送ってきた私でも、投資とうまく付き合えてからは、自分の人生の選択の幅をかなり広げることができました。

私だけではありません、夫やスクールの受講生も変化しています。もちろん、お金がすべてではないですが、お金で叶えられることが世の中に非常に多いのは事実で、そのことは私も周りも身をもって体験しました。

ただ、勘違いしないでいただきたいのが、お金はあればあるほどよいという概念。決してそうではありませんし、金稼ぎゲームに熱中しないでほしいのです。

そして、紙幣自体はただの紙切れでしかありません。そんな紙切れに心踊らされたり、落ち込んだりなんてことは避けたいものです。

人間は限られた時間しか生きることができないからです。お金のことばかり考え、振り回されて一生を終えたら後悔しか待っていません。お金は夢を叶える手段であり、夢を叶えなければ何の意味もありません。


本書を通じて、このまま投資をしないままでいることが、人生にとって大きな損失になることがおわかりいただけたと思います。現金所有ばかりにとらわれていたら、資産も知らぬうちに目減りさせてしまう、このことを理解いただけたことでしょう。

しかしながら、何も知識がなければ、「現金が安心。投資は怖いもの」という時代遅れな認識のままでしょう。

大切なことは、自分が望む未来を叶えるための資産を長期目線で作ること。そして、大きく儲けることでなく、同時にいかに大損することなく資産を守りながら増やしていくことです。

資産運用は人生同様、十人十色です。ＳＮＳをはじめネットでよいとされている銘柄や情報であったとしても、あなたにとってベストとは限りません。自分が望む未来を叶えるための投資法でもないかもしれないからです。

とはいえ、過去の私のように一度の失敗で大金を失ってしまうような事態は避けてほしいと思います。だって、大切なあなたのお金なのだから。

投資はあくまで自己責任ですし、リスクを完全にゼロにすることは不可能です。しかし、現金のまま保有していることこそが、リスクにもなりうる昨今。

投資初心者の方には、できるだけリスクを低く、資産を守りながら増やす投資を推奨している私からのメッセージがあります。まずは少額からでもいいので、今すぐスタートすること、自分のルールを徹底すること、継続して相場に居続けることです。

日本人はその国民性からか、完璧を求めてしまうことが多い人種です。それが投資でもブレーキになってしまっています。「絶対に負けないようにしないと！」「もっとお金を用意してからじゃないと」「もっと勉強してからにしよう」と、そんなふうに。

ただ正直、投資に必要な知識もお金も、求めていくと本当にキリがありません。そんなことをしていたら、いつまで経っても始められません。

投資だけでなく何事においても、最初の第一歩がなかなか踏み出せず、ハードルが高いと思います。ただ、そこを乗り越えられれば、新しい世界が待っています。

ですからまずは100円でもいいから、やってみる。ジュース1本買うのを1回やめてみて、投資にチャレンジしてみませんか？　最近はスマホだけでできるうえ、自動的にたまったポイントで始められる投資もあります。投資をしたことがない方こそ、非日常で未知の世界の感じがするかもしれませんが、コンビニやファミレスに行くくらいのノリでいいのです。

投資は、投資期間が長ければ長くなるほど、複利効果によって資産が雪だるま式に大きくなっていきます。過去には戻れませんが、人生の中で一番若いのは間違いなく今。後回し先送りにすることなく、未来を豊かにするために今すぐスタートしましょう。

最後に、本書執筆にあたり、無名の私と二人三脚で手取り足取り、本を作り上げてくださった編集担当の杉浦博道さん、出版のチャンスをくださった精神科医の樺沢紫苑先生、ウェブ心理塾の先輩方、販促プロモーションで応援してくださった長倉顕太さん原田翔太さん、ＳＰの仲間たち、投資の学び舎スクールのスタッフメンバー、受講生の皆さん、経営者の先輩方、コミュニティで応援してくれた仲間たち、自由奔放な私を支え応援してくれている夫、娘、両親に感謝の気持ちを伝えると共に、御礼の言葉に代えさせていただきます。

櫻井かすみ

◆本書の内容は、2024年3月中旬までの情報をもとに作成しております。本書刊行後に、NISAをはじめとした制度の変更、投資を扱う各企業や機関のサービス内容の変更等が起きる可能性はあります。あらかじめご了承ください。各企業や機関のサービスや情報については、それぞれにお問い合わせください。

◆本書は著者が推奨する方法を掲載しています。ただし、あくまで著者による見解であり、正確性や有用性や信頼性を保証するものではありません。投資には一定のリスクが伴います。投資などはご自身の責任と判断のもとで行なうようにしてください。生じた利益・損失につきまして、著者並びに弊社は一切の責任を負いかねます。

装丁デザイン　西垂水敦、市川さつき（krran）

本文デザイン・DTP　荒木香樹

監　修　吉田 篤（シグマ）

校　正　合田真子

投資への不安や抵抗が面白いほど消える本

2024年5月7日　第1刷発行
2024年6月17日　第2刷発行

著　者　櫻井かすみ
漫画・イラスト　こげのまさき
発 行 人　土屋 徹
編 集 人　滝口勝弘
編集担当　杉浦博道
発 行 所　株式会社Gakken
〒141-8416　東京都品川区西五反田2-11-8
印 刷 所　中央精版印刷株式会社

●この本に関する各種お問い合わせ先
本の内容については、下記サイトのお問い合わせフォームよりお願いします。
https://www.corp-gakken.co.jp/contact/
在庫については　Tel 03-6431-1201（販売部）
不良品（落丁、乱丁）については　Tel 0570-000577
学研業務センター　〒354-0045　埼玉県入間郡三芳町上富279-1
上記以外のお問い合わせは　Tel 0570-056-710（学研グループ総合案内）